A Communication Construction Study of the Cultural Values in Ethnic Rituals:

A Case Study of Tujia Funeral Dancing

网络文化建设研究丛书

Network

民族仪式文化价值观传播学建构

——以土家族跳丧仪式为例

张梅兰 著

Ethnic Rituals

Communication Construction

Cultural Values

華中科技大學出版社
http://www.hustp.com
中国 · 武汉

图书在版编目(CIP)数据

民族仪式文化价值观传播学建构:以土家族跳丧仪式为例/张梅兰著.—武汉:华中科技大学出版社,2021.3
(网络文化建设研究丛书)
ISBN 978-7-5680-7035-5

Ⅰ.①民… Ⅱ.①张… Ⅲ.①土家族-葬礼-少数民族风俗习惯-传播学-研究-恩施土家族苗族自治州 Ⅳ.①K892.22

中国版本图书馆 CIP 数据核字(2021)第 066849 号

民族仪式文化价值观传播学建构
——以土家族跳丧仪式为例　　张梅兰　著
Minzu Yishi Wenhua Jiazhiguan Chuanboxue Jiangou
——yi Tujiazu Tiaosang Yishi wei Li

策划编辑:杨　玲
责任编辑:杨　玲　杨诗琪
封面设计:刘　卉
责任校对:张汇娟
责任监印:周治超
出版发行:华中科技大学出版社(中国·武汉)　电话:(027)81321913
武汉市东湖新技术开发区华工科技园　邮编:430223
录　排:华中科技大学惠友文印中心
印　刷:湖北新华印务有限公司
开　本:710mm×1000mm　1/16
印　张:9.25　插页:2
字　数:143 千字
版　次:2021 年 3 月第 1 版第 1 次印刷
定　价:58.00 元

华中出版

目录

绪论

人类自诞生之初就迈上了对起源问题的漫漫求索之旅，日月星辰、山川河流、飞禽走兽，这世间万物究竟从何而来？又会以何种形式将生命延续下去？所有的迷惑困扰着从混沌中初醒的人类，文明便是在这一连串发问中衍化生息，以时间为刻度吞吐着千百世纪的风云莽苍。作为西方文明的主要源头之一，古希腊孕育了光辉而灿烂的海洋文明，哲学家们试图通过智慧较量探寻宇宙本原的真理，他们不满足于虚妄缥缈的神话，而是依靠推论和观察阐明天地的自然变化。泰勒斯（Thales，约公元前 624 年—公元前 547 年）是人类有史以来最早求证万物根源的天文学家和哲学家，他认为对大多数自然现象的解释不必求援于神秘力量，通过日常观察即可发现，世界万物都起源于水，宇宙同时存在两种核心力量——凝聚和扩张：水在热力引导下膨胀变为空气，也能不断凝缩化为尘土。作为自然哲学的奠基人，泰勒斯开启了对"宇宙本原"的追问和思考，而对人类仪式的研究与思考，正是人类试图打开自我建造的"文化意义之网"的集体尝试。

在我国一些少数民族的社会生活中，仪式是一种普遍的文化现象，是最能体现其民族本质特征的行为方式与符号表述。仪式对社会实践和人类行为起着重要作用。仪式不仅是一个民族表述和传承的"原生形式"，而且具有与众不同的践行活动（彭兆荣，2010），它提供了族群认同与民族记忆的依据（薛艺兵，2009）。社会学家涂尔干和人类学家拉德克利夫·布朗都曾将仪式视为具有凝聚集体情绪、增强社会整合作用的人类文化现象。克利福德·格尔兹认为，通过某种仪式形式，动机与情绪得到强化，现实社会与精神领域借助一组象征符号得到融合，变为同一个世界，塑造一个民族的精神意识。仪式行为是文化价值观的结构的反映，仪式形式是确认并交流这些文化价值观或结构的合法性的重要形式之一。就像玛丽·道格拉斯所说，仪式通过组织集中人们的注意力，活跃了人的记忆力并将现有的价值观和相关的过去联系起来。

在人类学视域内的仪式传播研究范式中，“共享、召唤、聚集”始终是贯穿仪式传播观的核心要素，地理空间和文化空间是构成仪式传播的共同要素，“仪式”与文化具有天然的渊源关系。仪式被界定为象征性的、表演性的、由文化传统所规定的一整套行为方式。它可以是神圣的，也可以是凡俗的活动，这类活动经常被功能性地解释为在特定群体或文化中沟通、过渡、强化秩序及整合社会的方式（郭于华，2000）。在千百年的人类文化发展史中，仪式在其社会化发展过程中展现出了一种文化“动力”（cultural agent）的、能动的、颠覆性的、创造性的、社会批评的图景（特纳，1967）。正是通过仪式的传播，人类动机与情绪及关于存在秩序的一般观念才是相互满足和补充的。通过仪式，生存的世界和想象的世界借助于一组象征形式而融合起来，变为同一个世界，而它们构成了一个民族的精神意识（格尔茨，1973）。

仪式传播通过其召唤功能完成文化的传承，从而保持国家、民族文化的个性和独立性。仪式本身传递了丰富的隐喻、象征意义和族群文化心态、价值规范。民族仪式作为民族文化的有机载体，是全方位了解民族文化和历史的一个重要窗口，民族仪式不仅反映了民族文化和精神，也促使个体通过仪式对本民族的文化社会进行反思与界定，从而获得对本民族的历史文化和传统精神的认知与认同，社会生活也由此得以整合。民族仪式在促进族民之间的相互沟通、尊重和团结，促使族民对民族文化的了解和传播中形成民族文化认同上起到了非常大的作用，并且这种作用具有长久性、持续性。

文化层次的价值观研究是把国家、民族形成的文化积淀作为研究对象进行分析评判，从中梳理出这个国家和民族的价值观及价值取向。塞缪尔·亨廷顿、劳伦斯·哈里森（2002）提出，价值观是推动社会经济发展的重要力量。党的十八大提出了“培育社会主义核心价值观”的重要任务。我国是一个统一的多民族国家，民族地区社会成员对社会主义核心价值观是否认同、认同的程度如何，能否让社会主义核心价值观内化为引领民族地区社会成员生活、行为的方向和判断是非的标准、内化为民族地区社会成员的价值认同，对于增进民族团结、增强民族凝聚力和向心力、维护民族地区社会稳定、促进社会和谐，有着至关重要的作用。因此，研究民族仪式传播与民族文化价值观的深层关系，探讨仪式传播如何通过召唤、聚集等功能形成对土家民族文化价值观的意义共享和认同具有重要的意义。

基于上述认知，本书探讨土家族仪式传播与土家族社会文化价值观的建构关系，思考仪式变迁与少数民族社会发展过程中文化的传播功能，以历史反观现实，总结出一套仪式传播对少数民族文化核心价值观的建构模式，并从文化传播的视角为社会主义核心价值观在少数民族地区的培育、建构提供理论参照与实践路径。本尼迪克特在《文化模式》中指出，文化整合包含两个维度：一个是时间维度，即一种文化将自身历史上的种种特质整合到当下状态中来，亦称同质文化整合；二是空间维度，即一种文化将异于自身周围地区的特质整合到自身中来，也称异质文化整合（本尼迪克特，1988）。基于仪式时空的传播样态，总体上看，仪式传播经过发展和洗礼，体现了历史的一致性：通过其召唤、聚集和共享功能，仪式所蕴含、反映的社会意识形态经历了原始狩猎时期的单纯“食物共享”、封建社会的“权力聚集”，到近现代社会的“共荣共生”，及至今天的和谐、发展等路径，仪式传播呈现了“文明—聚合—现代文明”的民族文化发展形态。仪式传播在少数民族社会历史发展的长河中仿佛一条记录和展演民族文化价值观的“丝带”，和谐、发展、合作等核心概念贯穿始终，是土家族文化发展的主线。

第一章

仪式、传播与文化价值观

一、仪式传播

（一）仪式：符号、象征与文化交融

仪式，是人类社会为了某种特殊目的而创造、保持的具有例行化的程序过程和行为方式。学术界关于仪式的具体定义和表述见仁见智，其基本的含义是，仪式展现了人类丰富的社会行为，如习惯性的行为、形式化的行为和涉及价值观的行为。从既有的研究成果来看，仪式是一个既得到研究者充分重视，又仍然存在很大研究空间的领域。说其得到了充分重视，是因为随着人类学的发展以及人类学与其他学科的互动结合，仪式研究逐渐成为一门显学。在人类学的研究领域中，仪式承担着人类学研究的重任，是一扇观察人类生活、文化发展的窗口。仪式研究不但在传统人类学学科发源地的英、法、美等国有雄厚的实力，在中国学术界也显示出一片欣欣向荣的景象，甚至不断地出现在社会学、美学、历史学、文学等人文社会学科的研究当中。仪式学家维克多·特纳表示，从一定意义上来说，想要了解一个民族的历史和文明以及生活习惯，仪式可能是唯一有效的途径。美国著名人类学教授马尔库斯与费彻尔认为，“仪式的描述和分析早已成为建构民族志文本的主要工具。从迪尔凯姆到特纳，仪式已被作为一种将社会的强制性标准转换为个人的愿望、创造社会化情绪、引起角色转换、提供治疗效应、制定社会行动的神话宪章、重新整合对立社群的工具来加以

分析”[①]。而仪式作为一种行为模式，不仅出现在人类社会，甚至还存在于动物世界之中，表象相似的背后有可能暗含着同一个源头。即使将其限定在人类的社会行为当中，仪式多样化的特质也有重要的研究意义。

西方人类学关于仪式的研究大致沿着两种范式展开。第一种范式是对古典神话和仪式的诠释（神话-仪式范式），其学理依据主要来自人类学的古典进化论及其影响。泰勒、斯宾塞、弗雷泽等都在这一领域有重要论述。泰勒将仪式置于“神话”的范畴来看待，他将神话分为“物态神话”（material myth）和“语态神话”（verbal myth）两种。弗雷泽对各类母题性仪式进行了系统的整理和专门的分析，对阿都尼斯（Adonis）、阿提斯（Attis）、奥西里斯（Osiris）等重要的类型化的神祇和崇拜仪式进行悉心的研究，并将这些原型性母题仪式纳入其“进化”理念和“线形”发展的过程之中。他对仪式中“原型”（archetype）的挖掘和示范为后来的学术研究起到了里程碑的作用。第二种范式是对仪式的宗教渊源和社会行为的探讨。学者们致力于探讨仪式在社会总体结构和社会组织中的指示性功能。涂尔干、莫斯、列维·斯特劳斯、利奇、特纳、道格拉斯等都采用这一研究范式。利奇认为，言语（祷词、咒语、圣歌）如同手势和使用器物一样都具有仪式的价值。特纳则认为仪式只属于概述类行为，专指那些具有典礼的形式并发生于确定特殊的社会分层之中。涂尔干则偏向于将仪式视为社会生活的实践过程，而“神圣/世俗”（the sacred and the profane）的关系和行为被看作完全对立的活动。阿诺德·范·根纳普的“通过仪式”被分解为分离、过渡、组合等三个程序。马林诺夫斯基在神话和仪式的关系问题上基本上与神话-仪式学派保持一致，认为神话是观念的，仪式则是实践的，二者并置。

在泰勒、兰格、弗雷泽、阿萨德等人的研究中，仪式作为“一整套与神圣事物有关的信仰和仪式活动”[②]，是文化的一种表征和实践过程[③]。西方早期的仪式研究源于对宗教的关注，因此早期的仪式主要指宗教的祭祀或礼拜行为，“仪式

---

① 乔治·E.马尔库斯，米开尔·M.J.费彻尔.作为文化批评的人类学[M].王铭铭，蓝达居，译.北京：生活·读书·新知三联书店，1998.

② 涂尔干.宗教生活的基本形式[M].渠东，汲喆，译.上海：上海人民出版社，2006.

③ Catherine Bell. Ritual: Perspectives and Dimensions[M]. New York & Oxford: Oxford University Press，1997.

的重要性要高于信仰的内涵或体系本身”。英国人类学家威廉·罗伯特·史密斯认为仪式是“行动中的信仰”(belief in action)。特纳指出,仪式是“用于特定场合的一套规定好了的正式行为,它们虽然没有放弃技术惯例,但却是对神秘的(或非经验的)存在或力量的信仰,这些存在或力量被看作所有结果的第一位的或终极的原因”。[①]“仪式被看作规范化行为的一个类型,它象征或表现了某种东西,而且由此与个人意识和社会组织形成了不同的联系”[②]。“就最一般的和最基本的方面说,仪式是按计划进行的或即兴创作的一种表演。通过这种表演形成了一种转换,即将日常生活转变到另一种关联中。而在这种关联中,日常的东西被改变了”[③]。总体而言,西方人类学关于仪式的研究范式存在仪式神话、心理认知、仪式象征、仪式社会功能等区分[④]。

1. 仪式与神话

神话与仪式自诞生之日起,两者便息息相关。人类学诞生之初,人类学家将仪式放在文化的原始形态即神话的范畴中进行研究,由此产生神话-仪式学派,其代表人物为泰勒和弗雷泽,他们认为仪式是宗教与神话的源头[⑤]。该学派针对仪式所研究的对象范围即神话和宗教,展开对仪式的历史溯源。仪式是最初的形式,神话是其派生物,最早的神圣先驱起源来自巫术的宗教仪式,巫术先行者强调人的行为动机,将人由于崇拜某种非人性的权能和力量而产生宗教感受的非人格力量等能够激发敬畏感的神秘事物作为宗教的起源。巫术先行者提倡将自身的情感动机转化为对于世间万物的情感寄托,即进入万物有灵阶段。各种对神灵的信仰构成人类原初性、低限度的宗教,人类的灵魂可以与肉体甚至是花草树木乃至世间存在的万物产生感应,构成宗教的最低定义,而这也成为宗教的开端。泰勒基于万物有灵的基础,将仪式置于神话的范畴,将神

① 菲奥伊·鲍伊.宗教人类学导论[M].金泽,译.北京:中国人民大学出版社,2004.
② 菲奥伊·鲍伊.宗教人类学导论[M].金泽,译.北京:中国人民大学出版社,2004.
③ 菲奥伊·鲍伊.宗教人类学导论[M].金泽,译.北京:中国人民大学出版社,2004.
④ 彭兆荣.人类学仪式研究评述[J].民族研究,2002(2):88-96,109-110.
⑤ 杨利慧.仪式的合法性与神话的解构和重构[J].北京师范大学学报(社会科学版),2005(6):63-70.

话作为解释仪式的幻想工具，但忽略了其原有的起源和意义；博厄斯则认为仪式是神话刺激下的产物，“人类学表明，仪式本身是作为神话原始性刺激产物”；弗雷泽与两者的说法略有区别，他认为神话与仪式密切相关，多数神话是为了解释仪式或习俗产生的，但神话也会导致仪式的产生，神话与仪式两者彼此共生和依存，弗雷泽对仪式的重要性格外看重；弗雷泽的观点被神话-仪式学派所发展，提出仪式先于宗教的假设，神话是构成宗教仪式的根据，神话-仪式学派更注重仪式的重要性，将神话作为仪式部分的叙事和要件；而克拉克洪认为，神话与仪式的步调并不总是一致和密切的，神话多的地方，仪式并未随之增多，而仪式丰富的地区，神话也并不如我们想象中的多，对待神话与仪式，我们并不能将其死死绑在一起，刻板僵硬地去描述事物，而是应当给予神话和仪式空间去做各自的表述，且两者联系虽紧密，都受到文化传统和外部环境的影响，但作为“行为模式”的仪式比作为“观念模式”的神话更易发生变化。仪式先于神话这一假设被众多学科作为研究方法，给予了其描述文化形式之间的联系[①]，对其他学科的影响是深远的。

2. 仪式心理

神话-仪式心理学派以进化论为理论框架，关注的是宗教与仪式起源，通过整合个体心理认知，分析人们的社会行为背后潜藏的人类潜意识的心理因素，而弗雷泽、泰勒等进化论家依靠心理进行分析，而非社会因素。学者对宗教起源的认知各有不同。弗洛伊德认为宗教起源来自俄狄浦斯情结，他看重个体心理成分对于宗教的阐释，人们对大自然、梦的恐惧和误导促使宗教的出现，而图腾崇拜也源于人们对大自然中未知事情的困惑。弗雷泽认为个体对社会关系的想象是通过巫术思维构建的，因为人类对未知事物充满恐惧，加之当时的科学水平无法解释这些自然现象，因而会偏向于用巫术去解释所有未知及恐惧的现象，人们对此也较为忌惮，巫术思维成为当时的人们维持社会秩序稳定的手段，是原始人建立社会关联的起点。人们出现任何问题，都会寻求巫术的帮助，

① 刘书惠. 神话与仪式：先秦儒家祭祀礼的原始意蕴[J]. 浙江师范大学学报(社会科学版)，2011(3)：7-12.

而巫术通过仪式的展演，依靠仪式与仪式效果之间的交感或相似，来平息人们内心的惶恐与不安①。仪式学派都更加侧重对人们社会行为背后的心理动机的研究，注重对个体心理认知的整合，而不是对社会行为因素的考察和研究。

3. 仪式象征

仪式作为一种由符号构成的象征体系，反映出社会关系的结构框架，建构出象征符号的话语系统。不同学者从不同角度对"仪式"做了研究：拉德克利夫·布朗在他的经典民族志《安达曼岛人》一书中探讨了神话与仪式；利奇认为言语、手势动作和器具都具有仪式价值；涂尔干将仪式视为社会生活的实践过程，它的社会功能核心就是凝聚社会团结、强化集体力量。② 而特纳认为仪式就是人们不运用任何技术程序，而求助于神秘物质或神秘力量的信仰的场合时的规定性正式行为。特纳的仪式理论提出了分离、阈限、聚合的三段式，其理论的核心概念"阈限期"指的是一个暂时脱离原有社会角色和结构的过程，在这个期间内，仪式的作用就是短暂消除社会身份和角色的等级差异，使人们处在一个无差别的平等社会状态中。总结来说，特纳的仪式理论的特点和重点突出表现在"注重仪式中的象征符号"和"关注仪式研究中结构和反结构的辩证关系"这两个层面上。特纳认为，仪式是借助表演的形式来达到与人沟通和文化交流与变迁的社会性表演。人类社会基本构成的关键所在就在于仪式的研究。因表达受限于传统的环境与形式，仪式所揭示的是一个群体的信仰。宗教信仰不仅仅是对经济、政治及社会关系的反映，更是凌驾其上。在宗教仪式的展演过程中，日常无法表达的内心深层次的内容都可以借助仪式抒发出来。特纳对仪式与符号的关系也做了相应的考察，而仪式过程中的符号也被赋予了不同的象征含义。仪式不仅仅是人们表达自身社会需要的回应，也是人类创造意义的行为，象征符号不仅指向其象征物，还包括社会存在的基本要求。人们共享的价值观念属于社会过程的一部分，即便是相同的仪式，随着时代的变迁，社会背景发生

---

① 王霄冰. 仪式的建构与表演——2011 清明节曲阜祭孔与祭祖活动的人类学考察[J]. 文化遗产，2011(3)：108-115，158.

② 薛艺兵. 对仪式现象的人类学解释(下)[J]. 广西民族研究，2003(3)：39-48.

改变，其意义也随之而变。

特纳对“象征符号”的深入解读是他在仪式研究过程中最突出的特点，象征符号一般指的是用非语言符号来实现活动意义的表达。特纳概括出了象征符号的三大特征：两极性、浓缩性和统一性。浓缩性是肯定的符号的象征意义，符号是浓缩了很多意义所指的载体。而统一性指的是将符号融入一定的社会环境和文化形态的语境中分析解读，更多的所指被连接到一起，象征符号被放到了一个序列中进行考察，于是在符号的发生和作用角度，象征符号都和社会进程建立了互动性非常强的关联。特纳提出，象征符号是仪式中最小的组成单位和基本的组成单元，具有在构成仪式上的载体意义。象征符号大多数指的是非语言符号，具有两个基本特征：其一，它是具有形象的实物，特纳认为象征符号包括仪式语境中动作行为、物体、关系事件和空间单位等，作为意义浓缩的表现和载体，象征符号在现实生活中是有迹可循的实体；其二，象征符号具有表达的作用和意义，虽然符号是具有形象的实物，但确实被赋予了特定的象征意义用来完成意义和信息的表达，只是象征符号的意义赋予一定是在预设的规则下代表其他意义和价值，符号的象征意义不是随便被赋予的，也不是每一个符号都具有象征意义，那些具有象征意义的符号必须具有公认性，也就是得到群体成员的广泛认可，才能实现符号在特定语境中的意义表达。

《仪式过程：结构与反结构》是特纳研究仪式的经典作品之一。在这本书中，他采用实证主义的方式对仪式中的象征符号和仪式过程进行剖析，提出了“阈限期”“结构与反结构”等概念。阈限是特纳仪式理论中最为重要的部分，是仪式主体从一个结构过渡到另一个结构的中间状态。“阈限”这个概念最早源于阿诺德·范·杰内普的《通过仪式》一书，范·杰内普认为人的一生中具有很多转折意义的重大时刻，如出生、成人、结婚、死亡等，这些具有重要意义时刻的转折需要借助仪式来实现和强调，而所有的通过仪式或者转换仪式分为三个阶段：分离—边缘—聚合。分离和聚合指的是在接受仪式洗礼前和洗礼后的状态，而边缘指的是正在接受仪式洗礼从日常状态进入另一状态的过渡阶段，过渡阶段的仪式主体失去了原本的角色和状态，进入一个无差别的结构中。特纳将范·杰内普的三段论改进为“分离—阈限—再整合”。“阈限”就是对范·杰内普的通过仪式中"过渡阶段"的承接运用，整个仪式活动的焦点就是"阈限"，"阈限"就是围绕着仪式而展开，从事先预设好的角色中逃离出来，进入新的无差别的结构中。特纳用"交融"来形容进入这种无差别的结构中，并使用"communitas"来指代交融。相较于英文的"community"，特纳的使用便把"交融"这种社会关系模式与"人们共同生活的区域"区分开了。特纳认为，人类之间的相互关联有两种主要的模式——并列与交融。在并列模式下，社会是一个有组织结构、有地位差别的存在，而在交融模式下，社会是一个没有组织结构、没有社会地位差别，彼此之间关系平等，只服从于仪式长老权威的共同体。在这样的分析和论证下，特纳将整个仪式过程分为阈限前(日常状态)—阈限期（仪式状态)—阈限后(日常状态)三个阶段。特纳认为，无论对于个人还是群体，社会生活实际上是一个辩证的过程：上与下、生与死、高与低、黑与白、富贵与贫困、健康与疾病、同质与异化、平等与失衡、结构与反结构等。在现实生活中，对立物常常同时存在，但在仪式过程的阈限阶段，对立物之间、人与人之间的差距和不平等可以暂时消除，彼此处于短暂的平等状态，可以重新建构人与人之间的关系和强化社会地位的差异结构。①总结来说，特纳的仪式理论将社会仪式整个过程概括为"结构—反结构—结构"的过程，也就是说，通过仪式中的"反结构"阶段强化了既定的社会结构与秩序。

4. 仪式功能

涂尔干不仅对神话-仪式研究的发展起到了关键性的作用，完成了将宗教研究转化为仪式研究的重要任务，也开启了仪式-功能理论研究的路径，这为接下来的英国结构功能主义学派奠定了仪式研究的理论基础，也影响着结构功能学派研究的走向②。结构功能学派反对进化论的观点，以古典理论强调对历史总体的书写不恰当，转而强调不同社会的内部整合。格雷戈里·纳吉认为，"一旦

① 维克多·特纳. 仪式过程：结构与反结构[M]. 黄剑波，柳博赟，译. 北京：中国人民大学出版社，2006.

② 张晓溪. 图腾：集体意识探源——以涂尔干《宗教生活的基本形式》为中心[J]. 北华大学学报(社会科学版)，2019，20(5)：83-89.

我们将神话看作表演，我们就可以看出，神话本身就是仪式的一种形式：我们不再分离地、对比地来看神话与仪式，而是将它们之间看作一种延续关系；神话是仪式的言说部分，而仪式则是神话的概念部分。”结构功能学派将神话视为观念的、理论的、信仰的表现，而仪式是为了配合神话，是行为的、具体的、感性的、实践的配合，这强调了仪式在宗教方面的功能性。而信仰和仪式是宗教现象的两大基本范畴，信仰是舆论的状态，是由各种表现构成的，仪式则是某些明确的行为方式，两者的差别就是思想与行为之间的差别。真正的宗教信仰总是某些特定群体之间的共同信仰，该群体不仅效忠于这个共同信仰，而且要遵循与信仰相关的各种仪式，通过仪式展演，信仰进一步得以强化，从而达到凝聚人心、巩固自身统治的作用。

英国著名社会学家霍布斯鲍姆认为，仪式活动对人的身份有强调作用，而且会加强民族认同感。公民身份在仪式活动中得以强化，民族认同感进一步提升，且随环境的改变，同样的仪式意义已经发生改变，但人类仍遵循其仪式的举行。涂尔干则更为重视仪式的作用，认为宗教的核心不是教义，而是仪式，通过仪式展演，将价值和意义赋予行为本身，将人类的情绪凝聚起来，增强彼此的认同感和信念感，增强群体内的共同价值，减少内部纠纷，从而达到维持和稳定社会秩序的功能。涂尔干将仪式划分为以禁欲苦行为形式的消极仪式与纪念、模仿等行为的积极仪式。相应的，他将世界分为世俗与神圣两个领域，认为所有仪式都具有神圣的性质，具有周期性重复出现的特征，通常是以某种颇具戏剧性的表演形成的。欧文·戈夫曼从生活的微观角度出发，认为仪式就是表达意义性的程序化活动，当个体在他人面前呈现自己时，他的表演总是倾向于迎合并体现那些在社会中得到正式承认的价值，在此意义上，可以将其视为一种仪式，即对共同体道德价值的表达性复原和重申，且日常生活服从于大部分的常规仪式。此后人类学对仪式的研究基本趋向研究仪式的功能化、物质化、技术化与符号化，甚至是数据化。

国内对“仪式”的研究主要基于国外学者的研究路径，根据不同的社会场景和环境进行本土化解读。国内研究者的研究路径大致有二。其一，关于仪式与信仰的基本理论研究。此研究大致有两个方向：一是对古典神话和仪式的诠释；二是对仪式的宗教渊源和社会行为的探讨。通过宗教礼仪和仪式的变动性，可窥见文化的变迁，仪式变迁正是社会变迁的影像，社会变迁正是这种影像的本质与内涵，现有的仪式也不再是解释世界，而是激发人的情感①，仪式是文化记忆的外化形式②。其二，关于民间仪式及民俗信仰的研究。此研究路径有两个分支：民俗信仰仪式的理论关照以及民间仪式与地方民俗传统的田野调查与研究。民间信仰积淀成中国人一些独特的思维方式、价值观念，它体现出民族的生存智慧和生存模式③，仪式蕴藏民族心态的变化④，提供了族群认同与民族记忆的依据，同时也映射着统治者对于民众生活状态的期盼与尊重。仪式不仅是一个民族表述和传承的"原生形式"，而且具有与众不同的践行活动，将身体表达及实践作为媒介，传达仪式当中所需要传达的文化记忆⑤。

（二）仪式传播：传播的文化视角与信仰的表征

关于信息的传播方式，西方学术界存在着传播的传递观和传播的仪式观之分。传播的传递观指的是传播者把信息从一端（传者）传送至另一端（受者），以实现传者对受者的信息控制乃至行为支配，其传播注重信息本身的空间流动，强调信息在空间范围上的传递和扩展。传播仪式观强调的是信息传播在时间上对一个社会的维系，强调信息传播对公众价值观念的建构。传播仪式观的概念是詹姆斯·凯瑞提出的，是相对于传递观的概念。但凯瑞在强调传播仪式观的同时，并没有否定传播的传递观，仪式观与传递观也并不是非此即彼的，在传播过程中甚至是可以互相统一起来的。从这一层面上说，"仪式传播"包含着"仪式本身作为传播"（传递观意义上）和"仪式化传播"（仪式观意义上）两个层面。仪式的传播即"作为传播的仪式"，通过仪式的展演，也是借助于众多象征

---

① 李育红，杨永燕. 文化独特的外现形式——仪式[J]. 广西社会科学，2008(5)：202-205.

② 王霄冰. 仪式的建构与表演——2011 清明节曲阜祭孔与祭祖活动的人类学考察[J]. 文化遗产，2011(03)：108-115，158.

③ 郑晓江. 宗教之生死智慧与人类的灵性关怀[J]. 南京师范大学文学院学报，2005(4)：1-8.

④ 万晋. 传说·仪式·民众心态——以唐代端午为中心的考察[J]. 寻根，2008(1)：49-54.

⑤ 彭兆荣. 论身体作为仪式文本的叙事——以瑶族"还盘王愿"仪式为例[J]. 民族文学研究，2010(2)：154-161.

性符号来传达意义以实现仪式功能的过程，这就达到了仪式的传递观意义上的传播活动，属于仪式传播的基础层面。仪式化传播是就传播的仪式性而言的，也即“作为仪式的传播”，属于仪式传播的深层层面。①传递观和仪式观这两种观点在美国一直存在，只是在凯瑞提出了传播的仪式观之后，人们才开始意识到仪式观的重要性，转而开始对传播的仪式观有了更多的研究和讨论。凯瑞的仪式观是在借鉴、研读了大量社会学、传播学、宗教学等相关学科知识的基础上，吸收涂尔干、杜威、格尔茨、伊尼斯等人的观点而形成的自己关于传播的观点。道格拉斯在1973年就提出了“仪式是一种卓越的交流方式”这一仪式传播特性。涂尔干在很大程度上影响了仪式传播的研究取向，特别是他的宗教仪式理论和社会秩序理论。仪式的功能在涂尔干看来，就是提供共同体验的瞬间，通过共享价值观，实现初民在信仰、意愿和情感上的高度一致，激发、增强或重塑个体成员的集体意识和集体认同。此外，芝加哥学派的符号互动论以及英尼斯和麦克卢汉基于社会、媒介、技术视角的理论探究都为传播仪式观提供了理论资源。此后，各学者对该理论进行了继续探讨和意义发展。英国学者柯尔迪重新考察了涂尔干、福柯对仪式的认识及其联系，指出媒介仪式是围绕主要的媒介种类（核心媒介）而组织起来的一种正式化行为，这种行为使得“媒介就是通往社会核心的入口”这一价值观得以加强并且合理化。在之后的研究中，戴扬、卡茨和柯伦对仪式研究的视角进行了创造性的开拓，他们探讨了媒体在社会中的作用及其对民主进程的影响，认为仪式自身会获得某种符号性的力量，并进一步参与不同社会身份的建构和强化。对传播仪式观的研究也逐渐蔓延开来，爱荷华大学埃里克·罗森布尔在《仪式传播：从日常会话到媒介庆典》中对凯瑞的传播仪式观进行了引申和扩展，较为全面地研究了仪式和传播，认为仪式和传播是合二为一的，不存在没有仪式的传播，也不存在没有传播的仪式。2006年，宾夕法尼亚大学的派克·杰里米和东北大学的克雷格·罗伯森编辑出版了《与凯瑞一起思考：关于传播、传输、历史的论文集》，该书不仅对凯瑞的开创性研究进行了回顾与交流，也进一步探讨和拓展了传播仪式观。

① 詹姆斯·凯瑞. 作为文化的传播：“媒介与社会”论文集[M]. 丁未，译. 北京：华夏出版社，2005.

传播仪式观的提出者凯瑞主张传播是一种文化共享活动，在他看来，“文化的最佳体现在仪式之中”，因此传播是一种文化共享仪式。凯瑞提出了“传播是一种现实得以生产、维系、修正和转变的符号过程”①的观点，一方面强调传播是一种符号互动过程，另一方面强调传播的社会建构功能。而传播的传递观忽视了凯瑞认为至关重要的符号互动形式，社会上普遍把传播视为单向性为主的信息传递过程。这种对传递观的迷恋造成了社会模式的“某种紊乱”，因为传递观视阈中的传播总是把社会看作“一种政治秩序”或者“一种经济秩序”。在凯瑞看来，社会生活不只是政治或经济行为，它更是文化行为，是符号互动和文化分享活动，“包括了对美学体验、宗教思想、个人价值与情感以及学术观念的分享一种仪式的秩序”②，这些符号互动或文化分享活动建构了社会生活。因此，传播的仪式观实现的不仅仅是信息空间上的传递，它更加强调信息传播在时间上对社会的维系作用，强调传播对民族或社会起到的号召、凝聚和共享作用。这为本书提供了相应的理论基础。

凯瑞反对传播只是单纯的信息传输和接收过程，他认为传播是一种具体语境中的符号互动和文化共享行为。传播仪式观反对传播传递观仅仅把传播当成一个科学问题来研究，主张应当从人文视角或文化科学角度来看待传播。凯瑞呼吁的传播的文化观认为，传播本质上是人类文化的参与、创造和共享活动，所以传播与文化一样具有社会凝聚和维系功能。国内有学者也指出，传播的仪式观“强调日常生活中的交流与传播，强调文化的特殊性和复杂性”，“传播都是情境化、在地化和具有文化特殊性的，而不是科学的普世的”③。而后凯瑞强调的传播的文化观受到了越来越多学者的认同，有学者在评价凯瑞的传播观说到，“传播就是文化，或者说文化就是人的传播活动，因为文化的基本构成因素是符号系统和由此构成的社会现实，没有符号的处理、创造和交流，就没有文化

① 詹姆斯·凯瑞.作为文化的传播：“媒介与社会”论文集[M].丁未，译.北京：华夏出版社，2005.

② 詹姆斯·凯瑞.作为文化的传播：“媒介与社会”论文集[M].丁未，译.北京：华夏出版社，2005.

③ 胡翼青，吴越.凯瑞的“仪式观”：美国文化研究本土化的困局[J].新闻与传播研究，2014(6)：49-60.

的生存和变化”[1]，“研究人的传播活动的原因并不在于它有巨大的影响或潜在的影响，而在于人们的符号表述活动本身就是文化，研究人的传播活动就是研究文化”[2]。因此，传播研究不再局限于大众媒介和效果研究，不再只是个机械的过程，而是符号行为的互动。这就克服了处于上升态势的传统传播学的偏狭，拓展了传播研究的对象范围，深化了其内涵和意义。传播的文化观“为传播学研究打开了巨大的空间，激发了许多传播学者的想象力”[3]。

凯瑞提出，“传播”(communication)一词与“社区”或“共同体”(community)、“共性”(commonness)、“共有”(communion)等具有密切的关联性，它们“在古代有着同一性和共同的词根”[4]。这说明社区间人们情感的维系以及共同体的形成都与传播有关，传播是具有社区纽带和社会整合功能的。最能展现传播带给人们社区感和共同感的就是社会成员共同参与的仪式活动，无论这样的仪式是宗教仪式、神圣典礼或者民族仪式。在仪式中，参与者面临共同的环境，沉浸在共同的仪式氛围中，有着共同的经验、习俗和文化体验。仪式中的个体通过仪式现场信息的传递、文化符号的意义表达感受着相同的文化，以此进行联结。所以，通过传播，人类社会结为一体，传播发挥着维系社会关系和社会认同的作用。在凯瑞的仪式观中，传播一词的原型则是一种以团体或共同的身份把人们吸引到一起的神圣典礼，可见凯瑞本人认识到了传播与仪式在社会凝聚和整合上的一致性，他在书中提到“从仪式的角度定义，传播一词与‘分享’(sharing)、‘参与’(participation)、‘联合’(association)、‘团体’(fellowship)及‘拥有共同信仰’(the possession of a common faith)这一类词有关，与仪式一样都具有社会凝聚和整合功能”[5]。传播的仪式观着重强调传播的社会整合意义，重新发掘了传播作为社会纽带的原有意涵。

凯瑞的传播仪式观强调传播在时间上对社会的维系作用，突出了传播中时

---

① 潘忠党．传播媒介与文化：社会科学与人文科学研究的三个模式(下)[J]．现代传播，1996(5)：16-24．

② 单波，石义彬．20世纪西方新闻与大众传播理论概观[J]．国外社会科学，2000(4)：10-17．

③ 周鸿雁．隐藏的维度——詹姆斯·W．凯瑞仪式传播思想研究[M]．北京：中国大百科全书出版社，2012．

④ 詹姆斯·凯瑞．作为文化的传播："媒介与社会"论文集[M]．丁未，译．北京：华夏出版社，2005．

⑤ 詹姆斯·凯瑞．作为文化的传播："媒介与社会"论文集[M]．丁未，译．北京：华夏出版社，2005．

间维度的重要性。实际上在凯瑞之前，雷蒙德·威廉斯和英尼斯都有表达时间维度在传播中具有重要性的观点。威廉斯认为传播不应当只是信息在空间上的传递，也应当是在时间上的传承。英尼斯认识到传播是在空间和时间中共同实现的，传播在空间中进行信息的传递和扩散，但在时间上实现文化的传承和在记忆中的保存。在威廉斯和英尼斯的基础之上，凯瑞也认识到了传播中时间维度的重要性。在凯瑞传播仪式观中，他回应了威廉斯和英尼斯对传播中时间维度的诉求。他认为传播发生于时间之中，传播的深层目的就是实现信息和文化在时间上对社会的维系作用。因此从这一层面来说，传播的目的就是维系人类文化和文明，防止人类回到原始生活状态，促进人类向前进步。仪式观也是一种文化取向，文化历经时间而形成，在时间中成长；人们历经时间，彼此结成一个共同体，并维系着共同体身份，社会共同体离不开共同文化及其连续性。

以传播学视角对民族仪式和文化进行的国内外研究并不多，国外的研究中有关传播与仪式及文化关系的研究注重考察民族仪式在传播中发生了何种变化以及电视等传统媒介的传播对民族文化发挥着怎样的作用。其中，美国学者柯克·约翰逊所著的《电视与乡村社会变迁：对印度两村庄的民族志调查》，采用民族志的研究方法，考察印度乡村生活的社会语境及电视这一传播媒介在不断变迁的印度乡村及其文化中所发挥的作用，运用西方成熟的社会学与传播学研究方法，观察、分析电视媒介对社会发展的影响[①]。国内早期将民族志的方法运用到传播学领域研究的当属云南大学的郭建斌教授，他在他的博士论文《独乡电视：大众传媒与少数民族乡村日常生活》中首次将民族志这种人类学研究方法与传播学结合，在文中对大众传播媒介在少数民族地区中所扮演的角色和发挥的作用进行了阐释和剖析。陈力丹认为传播的仪式观具有理论的启发性和开拓性，传播的仪式观因强调公众间交流与沟通过程中经验与意义的共享，能够起到巩固共同体的作用。陈力丹提出仪式传播的功能不在于表层的认知、

① 陆璐. 仪式传播中的民族身份认同与表达——基于定远县二龙回族乡回族婚礼仪式的研究[D]. 合肥：安徽大学，2016.

情感和行为变化，而在于深层的文化理念和意识形态变化。[①] 这些观点和理论的提出都支持了仪式传播对文化建构的影响和作用，为仪式传播对民族文化价值观的影响和建构提供了强大的理论支撑和基础。此外，他还关注到了仪式传播中文化共享与信仰塑造的过程，在其文章《节日仪式传播：并非一个共享神话——基于广西仫佬族依饭节的民族志研究》和《节日仪式传播：共同信仰的维系和嬗变——以广西仫佬族依饭节的民族志调查为例》中以凯瑞的传播仪式观和克里弗德·格尔茨的仪式观作为研究的理论基础，阐释了此民族节日仪式传播中的共同信仰构建过程，以及大众媒介介入后产生的变化，发现仪式传播具有建构民族共同信仰的功能。这再一次打通了仪式传播对民族文化价值观影响的研究通道。张泽洪也在其《文化传播视野下的信仰与仪式——以中国西南少数民族与道教关系为例》的研究中涉及文化传播与民族信仰的相关知识，但重点在于找到仪式与信仰之间的关系。[②]

此后，从仪式传播视角研究民族仪式及文化价值观多呈现为两种角度。一是研究民族仪式在传播过程中的变化、变化的原因及不同的传播载体在对民族仪式传播效果上的区别。比如王靖娅在《边疆地区少数民族文化的仪式传播研究—以歌舞剧＜鄂尔多斯婚礼＞为例》中对歌舞剧《鄂尔多斯婚礼》进行了仪式传播的研究，分析了舞台上的鄂尔多斯婚礼仪式与传统婚礼仪式在传播形式、仪式表达和内涵上的差别和变化，以及产生这些差别、变化的原因和歌舞剧这种传播载体对于仪式文化传播效果的影响。王海飞在《文化传播与人口较少民族文化变迁——裕固族30年来文化变迁的民族志阐释》中选择了甘肃特有少数民族之一的裕固族作为人口较少民族的典型范本来探查文化变迁的表现内容和发展趋势，从文化传播这一新的视角阐释了人口较少民族文化变迁的特点、意义和问题。[③] 二是从传播的仪式观出发来探究民族仪式传播中所实现的民族

① 陈力丹. 传播是信息的传递，还是一种仪式？——关于传播“传递观”与“仪式观”的讨论[J]. 国际新闻界，2008(8)：44-49.

② 张泽洪. 文化传播视野下的信仰与仪式——以中国西南少数民族与道教关系为例[J]. 宗教学研究，2007(4)：150-157.

③ 王海飞. 文化传播与人口较少民族文化变迁——裕固族30年来文化变迁的民族志阐释[D]. 兰州：兰州大学，2008.

认同。邵培仁等人借鉴传播仪式观的研究思路，探讨了仪式传播与中国文化认同的重塑问题，认为民俗展现和节日仪式传播实际就是在仪式中借助各种符号表征方式，使人们对民族文化的种种想象落到实处，以重建文化的想象的共同体。王晶学者在《传播仪式观研究的支点与路径——基于我国传播仪式观研究现状的探讨》一文中研究了传统节日仪式传播与信仰重塑的问题，认为传统节日的各类仪式是信仰传播的重要载体之一。[①] 硕博士论文中也有对仪式传播中实现的民族认同的研究，以陆璐的博士论文《仪式传播中的民族身份认同与表达——基于定远县二龙回族乡回族婚礼仪式的研究》为例，论文从传播的仪式观出发，详尽地描述了近30年来二龙回族乡婚礼仪式的流变，以及仪式传播中所实现的民族身份认同。再如丁杰的《论桂西北少数民族民歌传播的仪式论以壮族歌圩为例》以壮族歌圩为例，对桂西北少数民族民歌传播的仪式论进行了具体的探究和分析，探究桂西北少数民族民歌的传播由人与人之间传播转向组织传播和大众传播后对壮族民歌文化的影响。[②] 蔡之国的《文化类综艺节目：民族文化基因的仪式化传播》提出了民族仪式借助仪式化传播实现了其民族价值和精神的回归与宣扬。对于仪式传播中实现的民族认同的研究数量虽然占比并不在多数，没有成为仪式传播与民族仪式研究的主流方向，但却成为一种研究趋势，而这些学术研究成果都为研究仪式传播与民族文化价值观建构提供了基础。

（三）跳丧仪式研究的历史维度

跳丧作为土家族古老且独具民族特色的文化事象，自20世纪中叶开始就受到了学界的广泛关注，根据可供查阅的研究成果，与跳丧相关的研究涉及面愈发多元化，探讨的问题也更加精炼且逐渐往深度拓展。总的来说，通过对文献的搜集整理，可以把既往的跳丧研究按照内容时态划分为如下三个部分。

首先是跳丧的历时态研究，这部分的文献主要围绕跳丧仪式的渊源历史展

① 王晶.传播仪式观研究的支点与路径——基于我国传播仪式观研究现状的探讨[J].当代传播，2010(3):32-34.

② 丁杰.论桂西北少数民族民歌传播的仪式论——以壮族歌圩为例[J].才智，2016(17):206-107.

开。关于跳丧的起源，虽然学界至今未能达成统一定论，但大部分学者都认同跳丧源于古代巴文化这一说法。具体而言，内部又可划分为三种观点：其一，有学者认为跳丧起源于古代巴人的“军前舞”，如黄柏权（2011）就曾在研究中对跳丧的前身“军觞”有过具体论述，徐文华（1998）也认为跳丧的产生与巴人军歌战舞有密切联系，土家族先民崇武尚勇且能歌善舞的民族特性催生出了这一特殊战地文化，在战场上欢歌乐舞既是对牺牲战士的致敬，也是对在场士兵的鼓舞振威。其二，另有学者指出跳丧应是起源于巴国初民的祖先祭祀活动，支持这一说法的学者如王善才（2003），认为跳丧本是一种祭祀性歌舞，其中融入了图腾崇拜和祖先崇拜的民族精神信仰。熊晓辉（2012）也同样认可跳丧与祭祀、尊神奉祖等属性的牵连关系，正是基于这股稳定而深沉的信仰力量，跳丧才得以发展延续，进而成为具有宗教性的艺术形式。其三，还有一种观点认为跳丧的最初形态可以与原始巴人乐舞相叠合，吴正纲（1998）在研究中就指出跳丧是原始社会巫歌巫舞的遗风，与古代巴人乐舞有极为紧密的姻缘关系。李君珍（1999）也通过对跳丧纵向发展的脉络梳理印证其初始观点——跳丧是由土家族巴人舞蹈发展而来，无论是唱词还是表演动作都在历史发生轨迹中有迹可循。上述代表性研究除了对跳丧的发生源头进行探究外，也有部分涉及跳丧历史流变过程，例如吴正纲在早期研究中对跳丧的文化变迁、巴楚文化交融反应做了细致阐述，董珞（1999）则更进一步地从族群起源与民族交往的角度来考察跳丧的历史变迁，具体到巴与楚、蛮与夏以及土与汉的多重文化融合路径，动态地呈现了跳丧文化的源与流。此外按照历史发生时期对跳丧演变进行分时段的研究，如田万振的经典著作《土家族生死观绝唱——撒尔嗬》，其中跳丧的变迁被划分为起源、秦至“改土归流”前、“改土归流”后几个时期，在叙事时间分层上对后续相关历史研究产生了深远影响。相较而言，李君珍的《土家族跳丧习俗的变迁》则更注重对跳丧的古代变迁研究，考古范围自远古横跨至明清，文章整理汇编了大量古文可供考据，具备一定的参考价值。结合上述研究的内容取向，不难发现历时态的跳丧研究侧重于对跳丧的历史学解读，无论是溯源还是辨流，都是遵循时间的发生规律而进行的纵向性探索。

其次是跳丧的共时态研究，时间不再是叙事的约束因素，研究的着眼点也从历史演变转化为内涵本质，主要集中于对某一特定时空下的跳丧本体进行更为深入系统的探讨。这一部分的研究也可从内部细分为几个不同方向。一是关于跳丧的功能，早期研究如朱祥贵的《土家族“撒尔嗬”源流、内涵及功能探讨》提出了如下几点：对人生价值的肯定、增强血缘家族和地缘民族的凝聚力、作为民族文化传承的载体以及享乐性艺术，田万振在其著作中也对跳丧的功能特色做了完整归纳，其观点与朱祥贵并无太大出入，后世的相关研究也都大体沿用上述分析框架，并在其基础上添加了一些新的想法，例如跳丧能够维系人际关系、强化情感交流，从表演形式上来说跳丧还具备特色的艺术美学价值。跳丧对民族与社会的功能贡献主要得益于它丰富的文化内蕴，学界关于跳丧文化内涵的研究也尤其丰富，虽然各自的侧重点不尽相同，但大体都是围绕以下文化意蕴展开：图腾（白虎）崇拜、祖先崇拜、生殖崇拜；万物有灵论、灵魂不死、虽死犹生的生命观等。相关研究如裴亮的《鄂西土家族“跳丧舞”的文化解读》，作者将跳丧视为古代巫风文化的产物，认为跳丧体现了祖先崇拜和图腾崇拜的文化心理建构，传达出了远古先民的强烈生命意识。唐仲春（1999）则认为跳丧受到宗法制度的支配，仪式文化蕴含有一定的宗法性特征。二是有学者着眼于跳丧仪式所呈现出来的狂欢精神，认为跳丧本质上就是一场狂欢盛会，并对土家人独特的生死观进行解读，代表性研究如余霞的《土家人的诙谐：跳“撒尔嗬”——对土家族丧仪之狂欢性的解读》以及李伟的《论土家族丧葬的狂欢精神——以娱神仪式为例》等。三是除了跳丧的功能指向和文化内涵研究外，还有一部分是从艺术和体育学角度对跳丧进行较为具体的专业性分析，如跳丧的音乐律动、舞蹈形态、健体功效等，由于这一主题的研究与本研究取向关系甚微，故在此不做多余阐述。

再次，是对跳丧的未来时态即跳丧如何存续与传承的探讨研究。杨光宗在《从跳丧习俗看土家文化的现代化》中提出要把跳丧习俗放在现代社会背景下进行梳洗和清理，通过存量除陋以及时代精神的注入促进民族文化的现代化。张玉玲的《鄂西土家族“撒叶儿嗬”舞台化问题探讨》则是提倡推动跳丧舞台化，并指出了表演开发面临的可能困境和改进空间。针对跳丧的娱乐化和商业化转型趋势，许多学者也都发表了自己的观点和看法，如谭志国认为土家跳丧的开发可以合理保留原生态跳丧的精华部分，一定程度的“丧味”弱化有利于增强跳丧的现代适应可能，张延莉则对舞台上的去仪式化跳丧表演表示赞同，认为这不乏为“原生态”的另一种生存策略，对传统文化的保护传承仍具有显在意义。

综合可知，既往传统视阈下的跳丧研究已经趋近饱和，例如对跳丧的历史溯源、文化内涵及功能特点等问题的讨论，在经过学界内部的反复推敲和琢磨后，意见已经基本趋于一致，而关于跳丧未来传承发展方面的研究却仍有补充空间，这也预示着后续研究的问题指向。本书将跳丧放置于多重时态语境中，引入发生学理论，从文化发生的角度聚焦跳丧仪式的变迁过程，这其中会融入历史动态分析和逻辑思辨推演，对跳丧仪式的发生机制及发生规律进行重点讨论，并在结果与起源、动态与静态的辩证统一中完成对跳丧发展走向的深度解剖。

二、文化价值观

文化价值观是一个社会或国家的成员共同的价值取向或理念，通常包括信仰、态度、文化活动，其对行为具有导向作用。文化研究领域的权威性人物Hofstede将文化价值观看成是“某个社会成员所具有的不同于其他社会成员的集体思维方式”①。国外对文化价值观的研究起始于1931年美国心理学家G. W. 奥尔波特等人编制的一份“价值观研究量表”，主要用于测量个人人格中的价值观，具有开创性的意义。奥尔波特编制的“价值观研究量表”提出了六个维度来对价值观进行判断和识别，这六个维度的提出不仅在之后广为流行，还为国内外对文化价值观及维度的研究提供了材料。例如Kluckhohn以人类面临的六大问题概括了文化价值观的差异，Hofstede通过问卷调查的方式得出了象征国家文化价值观差异的四个维度，Schwartz、Minkov等也都通过不同方式的调

① Hofsted G. Culture's Consequences: International Differences in Work-Related Issues[M]. Beverly Hills, CA: Sage, 1980.

查和研究对文化价值观的维度进行了较深刻的讨论和分析。1961年,美国学者佛萝伦丝·克拉克洪出版《价值取向的变奏》一书,认为价值观是个人或群体的一种显性或隐性的关于什么是可取或值得的观念,这种观念影响到人们的行为模式,也就是说她提出价值观对于人的行为具有导向作用的思考。[①] 塞缪尔·亨廷顿、劳伦斯·哈里森(2002)提出价值观是推动社会经济发展的重要力量;Triandis等(1972)提出了进行价值观跨文化研究的"前因后果"法,编制了测量具体的个人主义、集体主义价值取向的跨文化工具,确定了跨文化比较的四个因素;Rokeach(1973)把价值观理解为一种信念,并提出关于价值观的分类问题,即把价值观分为终极价值观和工具性价值观两个方面,开始从维度对价值观进行分析,这为之后对文化价值观维度方面的分析和研究奠定了基础。Inglehart(1997)的研究实证性地分析和阐述了经济发展与文化和政治变迁之间的内在联系及其相互作用关系,超越了以往现代化的理论框架或范式。Srikandath(1991)认为文化价值观是特定社会用以指导思想和行动的主要观念和准则。Schwartz(1992)指出文化价值观是超越的一种特殊形态,也是根据判断标准偏向某种行为模式的一种理想的状态、对象、目标或行为。Adler(2002)认为文化价值观是一套通常在道德、法律、习俗和社会实践中判定对错的信念和准则。综上,国外对于文化价值的研究经历了一系列的转化:从价值观的类型研究向概念研究、从内容研究向价值观维度研究、从本土研究向跨文化研究、从单一研究向相关综合研究的转化。

国内对于文化价值观的研究晚于国外,起初多是借鉴国外的价值观研究量表和理念。费孝"差序格局"的概念被认为是对中国人"以己为中心的传统价值观"的深刻阐述。从中国文化和历史传统角度看,中国人的价值观可综合为对自然与人生的价值观、对社会与人群的价值观、对伦理与宗教的价值观三类。在早期的研究中,杨国枢等强调了中国人社会、关系或情境取向的价值观;许娘光(1963)从人们人生中以何者为依赖对象的角度概括了人类生活的三种处世态度;文崇一(1989)从中国文化和历史传统的角度提出中国人的价值观;黄希

① Kluckhohn F R, Strodtbeck F L. Variations in Value Orientations[M]. Row, Peterson and Co, 1961.

庭(1994)认为价值观是区分好坏、美丑、损益、正确与错误、符合或违背自己意愿等的观念系统,通常是充满情感的并为人的正当行为提供充分的理由。杨中芳(1994)提出文化价值观是一个文化中的成员在社会化过程中被教导的一套价值,这套价值共存于文化成员之中,会影响该文化下人们对象征、符号和仪式感的感知和理解。此后,改革开放的浪潮给文化价值观的研究带来了极大的机遇,出现了很多有一定影响力的专著,如李连科的《哲学价值论》(1991)、袁贵仁的《价值学引论》(1991)、李德顺的《价值新论》(1993)、王玉樑的《价值哲学新探》(1993)等。

进入新千年以后,国内对文化价值观的研究与探讨面向更为丰富,有许多学者运用跨文化研究的方法深入探讨中国人的价值观。翟学伟(2001)提出中国社会的价值取向,传统的价值观与现代价值观出现两端分化。许志超以Hofstede五个维度的量表研究了中国人的价值取向等。上述这些国内对价值观的研究,经历了重视研究价值观现状、特点,兼顾价值观结构的过程。唐志龙(2004)认为文化价值观是个体对实践活动产生意义的一种评价标准与判断标准。于春玲(2005)提出文化价值观是社会群体在长期的社会实践中所形成的,是对自然、社会和自我价值普遍而稳定的根本看法。除此之外,文化价值观的维度引发了学者的广泛关注。杨中芳(1994)提出的世界观、社会观、个人观构成了文化价值体系的三大层次,这三个层次在社会上至今依然适用。黄光国(1995)将人类社会中的文化价值观分为两大类,即关于个人行为方式的价值观和关于存在之目的状态的价值观。在对文化价值观的维度有了较为清晰的判断之后,人们开始了对文化价值观的变迁及其对行为模式的影响的探究。如刘彦芬提出了在全球化和社会主义市场经济的影响下,我国社会价值观的变化表现为集体主义淡出与个人主义彰显、从道德主导到利益主导、从价值观多元化到文化自觉。[①] 吴家华等从价值目标、价值标准、价值行为、价值选择、价值追求、价值实现这六个方面概括了转型期我国社会价值观的六个特征。2006年党中央提出了“社会主义核心价值体系”的命题,关于社会主义核心价值体系与社

① 刘彦芬.当代中国社会价值观变迁特征分析[J].中共天津市委党校学报,2012(2):92-96.

会主义核心价值观的研究也成为文化价值观的研究热点。

总体观之，我国对文化价值观的研究侧重从一个国家和民族在长期的历史发展中所形成的文化积淀里梳理出这个国家和民族的价值观及其取向。从仪式传播角度进行文化价值观的研究鲜有成果，是一个值得开创和深入挖掘的领域。

文化价值观是由“文化”和“价值观”两个词语组成，文化这一概念来源于社会人类学，指一个社会共享的生活方式，它是后天习得的并产生对周围事物思考方式的共同的信念和做事方式的共享的行为。学者们认为文化的核心是价值观，这也注定了文化与价值观存在密不可分的关系。而关于价值观的概念，不同学者的说法不一，最早的研究认为价值观是评判人与世界以及人与人关系的看法，同时是处理人与自然、人与人关系时是否值得去做的看法的评价标准构成的系统。还有学者认为价值观是一种终极状态或者一种具体的行为模式，对人的行为具有导向作用。上述说法虽然各不相同，但都表达出价值观是一种评判标准，且对人的行为具有导向作用。在对价值观更深的研究中，学者也愈发觉得文化和价值观的关系密切，并且文化和价值观所包含的意义也存在部分相通之处，所以学者便将两者结合使用，形成多重意义的概念体系。辛杰和房林林学者在其著作中提出了价值观受文化支配，因而多以文化价值观来替代价值观的说法。

文化表现最深的一层则是文化价值观，文化价值观的概念与价值观类似，它是个体对实践活动产生的意义及事物的评价标准、判断标准和思维方式。文化价值观的内涵是丰富的，其背后的主体更多的是民族和社会。文化价值观一般概括为民族文化价值取向和民族文化心理两个方面，前者多指一个民族在发展和进步中所坚守的价值观念，后者是指一个民族在历史中所形成的内在本性，是民族性精神方面的根本规定。民族文化价值取向和民族文化心理两者之间关系紧密，前者以后者为依归，后者通过前者得以表现。总结来说，文化价值观不仅是一个民族或社会在处理与自然、与社会以及与自身的矛盾中坚守的价值取向，也包括这个民族在进步和发展的进程中内化而成的民族精神。文化价值观的构成要素也包括民族的客观存在和相应的状态，它包括民族文化、民族关系、民族特色、民族素质、民族文明等，每一项要素在一定情况下都能反映或者代表民族形象，任何一方面不完善，都将对民族文化价值观形象产生不良影响。从这一点上说，民族自身的客观存在和相应的状态构成了民族价值观形象的基础。另外，民族文化价值观形象是社会公众对一个民族的印象、看法、评价的综合反映，民族的文化价值观形象从根本上说取决于一个国家的综合实力，它在某种程度上是被塑造的，和公众的主观认知、情感、态度有密切关系。

文化价值观是一个宽泛的大系统，它是一个社会或国家的成员共同的价值取向或理念，通常包括信仰、态度、文化活动，也是在特定社会背景下的一种得到广泛认可的"共同信仰"，具有指导人们思维和行动的作用。因此，一个民族的文化价值观至关重要，它不仅影响着本民族族民的认知和理念，是本民族族民共同信仰和民族认同的体现，也反映了其民族形象和国家综合国力等方面。

三、仪式传播对民族文化价值观的影响

前述，民族仪式在传播中不仅可以实现仪式及其包含的内在信息在空间上的传播，也可以通过仪式化传播实现更深层次的传播，以期实现民族文化信息传播在时间上对社会的维系作用。其传播的价值首先在于提供了信息共享的空间，实现了文化共享；其次在文化共享和交流中逐渐建立共同的信仰，最终实现凝聚文化认同的作用。而民族文化价值观是某个民族基于其自身的历史文化、生活方式、地理环境、民族信仰等因素形成的，具有民族特色的，被共同认可的一套价值理念和取向。这套价值理念不仅是民族族民创造的，也受其族民共同遵守和认同。

民族仪式对民族文化价值观具有潜移默化的影响。其一，仪式传播促成了民族文化价值观的形成。民族文化价值观虽然是民族基于其自身的历史文化、生活方式、地理环境、民族信仰等因素而形成的具有民族特色的一套价值理念和取向，但是这其中也包括对仪式及其背后内涵文化的理解和涵盖，仪式传播无疑将民族的仪式风俗及背后的民族文化内涵体现得淋漓尽致，并通过传播手段对仪式所代表的民族风俗和文化内涵进行展示与传播，且民族仪式必定体现

了对民族价值观的遵守和呈现，所以说民族仪式的传播在一定意义上促成了其民族文化价值观的形成。其二，民族仪式的传播加深了民族成员对本民族文化价值观的理解和认同。民族文化价值观包含着民族仪式的风俗习惯和文化内涵，同样，民族仪式也是民族文化价值观的承载和体现，二者相辅相成。而对于既被包含在民族文化价值观中又体现着民族文化价值观的民族仪式，在日常的传播过程中，仪式的规则、内涵及其携带的民族文化基因无不对民族成员造成潜移默化的影响，并随着时间的推移，逐渐转化成人们日常的生活行为习惯，进而渗透到民族性格之中，为民族成员进一步理解和认同本民族文化价值观奠定了坚实的基础。其三，民族仪式的传播促进了民族文化价值观的扩散和传承。传播的目的是为了实现信息在时间上或社会空间上的传递。蕴含着独特而深刻民族文化价值观的民族仪式在传播的过程中，对内，以人际传播或群体传播的形式，在本民族内部进行民族文化价值观信息的传递，形成族群内信息的共享，加深民族成员对本民族文化价值观的理解和民族认同；对外，以各种社会化的传播方式，向社会大众输送、传递本民族的仪式，获得更广泛的社会认知，从而完成民族价值观在更广阔的社会空间内的扩散和渗透。可见，仪式传播能够为文化价值观的建构提供载体和路径，民族仪式传播通过借助各种符号表征方式，使人们对民族文化的认知在心理上进行转变和认同，以构建民族文化价值观想象的共同体。

第二章

跳丧:土家文化价值观的动态文本

跳丧,在土家族称为"撒叶儿嗬""打丧鼓",是鄂西南清江流域土家族聚居区一种古老的丧葬礼仪,主要流行于清江流域的土家族聚居地区。在人类少数民族社会的历史长河中,每种仪式都受其独特的人文、地理、历史、风俗习惯等因素的综合影响。土家跳丧在土家社会沿袭几千年,是和土家祖祖辈辈生活的文化空间和文化生态结构密切相关的。土家族的历史、自然环境、习俗信仰及日常生活组成了土家山村的文化生态结构,它是跳丧产生的文化背景,同时也是促使、制约其发展、变化的社会因素。自然环境、生态环境及习俗信仰建立起来的民间文化传统的发展、延续和创新,形成了一条复杂的文化链条。土家跳丧仪式正是这条文化链条上的一个富有民族文化寓意的活化石。

一、土家跳丧的发展历史

跳丧是鄂西南清江流域土家族聚居区的一种古老的丧葬礼仪。跳丧又名"打丧鼓""撒叶儿嗬",它是土家老人过世后,乡亲邻里前往孝家载歌载舞祭奠老人的一种歌舞丧葬仪式,是土家人丧事喜办的体现。跳丧不仅是土家民族本质特征的行为方式与符号表述,更是保持土家民族文化特性、独立性的仪式召唤。跳丧已有千百年的历史,在自然地理和宗教文化因素的双重影响下,上家跳丧仪式在不同时期呈现出不同的传播形态。第一,秦之前,跳丧的雏形——"军前舞"诞生。此时,跳丧处于独立发展时期。第二,秦统一到隋唐时期,跳丧开始逐渐受到中原汉文化的影响，从军前舞发展成祭奠仪式。第三，明清之后，跳丧逐渐成为一种完善成熟的少数民族仪式。

（一）初生——凛凛军舞 奉神白虎

土家跳丧的习俗源于土家先民灵魂不死的原始信仰，是远古社会鬼魂崇拜的产物。从灵魂不死到万物有灵，再进一步发展为图腾崇拜，土家祖先信奉的神灵对象越来越具象化，为了取悦这些存在于人们想象层面中的图腾神灵，包括跳丧在内的土家族祭祀仪式便应运而生。关于跳丧起源，白虎崇拜一说得到大多数学者的认可，跳丧最早就表现为虎舞以及和白虎歌谣相关的祭祀歌舞。范晔《后汉书·南蛮西南夷列传》有载："廪君死，魂魄世为白虎，巴氏以虎饮人血，遂以人祠焉。"土家族是古代巴人的后裔，相传巴人部落首领——廪君死后魂魄化作白虎，巴人便通过祭祀白虎来祭奠自己的祖先，因此跳丧体现的崇虎习俗其实也是祖先崇拜意识的反映。从某种意义上来说，跳丧也是古代巴文化的产物。

跳丧与白虎的源流关系多半是以神话或者民间传说的形式体现出来的，而跳丧的前身即它最早呈现的世俗形态应该追溯至巴人的"军前舞"。史籍《华阳国志·巴志》记载："周武王伐纣，实得巴蜀之师，著乎《尚书》，巴师勇锐，歌舞以凌殷人，前徒倒戈，故世称之曰'武王伐纣，前歌后舞'也。"据此，不少学者推测跳丧至少在商周时期就已具备雏形，且很可能最初是以战舞的形式存在。人类学家潘光旦就曾考证指出，跳丧衍生于土家族地区祭族祖白帝天王征战之死的"军殇"。总的来说，跳丧的诞生与土家始祖文化有着密切关联，尤其是巴人对白虎与祖先的崇拜情结在早期跳丧中已有明显反映。彼时还未受汉文化影响的跳丧得以自成一脉，在巴楚文化和巫蛮民风的浸染下自在生长。

（二）成型——打鼓踏蹄 戏舞兴哀

秦统一后建立了中央集权制的封建国家，并对土家族地区实行"以夷制夷""分而治之"的管理方式，自此土家族地区正式被纳入中央政府的统治范围内。自秦朝起推行的羁縻政策在汉唐时期得到继承和发展，这期间中央对土家族在政治上虽实行一定的控制，却并未影响该民族本土文化的发展，因此土家跳丧习俗得以进一步传播和沿袭。

对土家跳丧记载最早且较为明确的应属《隋书·地理志》，其中对清江流域的丧俗形式有如下具体描述："始死，置尸馆舍，邻里少年，各持弓箭，绕尸而歌，以箭扣弓为节。其歌词说平生乐事，以至终卒，大抵亦犹今之挽歌。"上述文字刻画的丧仪过程和土家传统跳丧有相似之处，对此有学者推测这应是汉魏以来的丧礼明记。跳丧在后续史籍里也偶有现身，如晚唐《蛮书》有载："巴人祭其祖，击鼓而祭，白虎之后也……"《归州旧志》记："巴人好踏蹄，歌白虎，伐鼓以祭祀，叫啸以兴哀，故人好巴歌，名曰踏蹄。"另南宋《溪蛮丛笑》对武陵地区的蛮俗描述中也有部分提及跳丧："死亡，群聚歌舞，辄联手蹋地为节，丧家椎牛多酿以待，名踏歌。"根据这些史料记载，可以看出古代跳丧形态经历了从"绕尸而歌"到"打鼓踏歌"的演变，鼓元素的加入丰富了跳丧的形式，也增强了丧礼的喜乐氛围，这也说明在唐宋时期，跳丧已经作为独立的丧葬仪式而存在，且其内容和形式也已开始定型。

（三）分化及裂变——儒道交融 丧仪分野

元朝正式确立和实行土司制度。从此以后，中央进一步加强了对土家族的控制。一方面统治者为限制土司势力遍布关隘，使得"内地人民少通"，从而为土家族本土文化的传承延续提供了条件。另一方面，明朝以来受汉儒文化影响，部分土家上层人物的思想观念发生转变，跳丧习俗在他们各自统治区域内逐渐"归淳"，但是在城郭辖区以外，尤其是交通不便的深山地区，跳丧习俗依然流行，明代嘉靖《归州志·风俗》记载的"伐鼓以祭祀，叫啸以兴哀"就是对这一现象的真实写照。

雍正年间，清政府开始推行"改土归流"政策，自此土家族地区"民皆土著"的状况发生根本性转变，呈现出"州民客土杂处"的复杂局面。在中央政策鼓励下，外来人口不断向土家族地区注入，使得该地人口构成趋向多元，加上官方强力推行汉文化，对与主流相悖的地方"陋俗"施以禁令，土家民俗因此受到强烈冲击。据地方县志记载，土家丧葬习俗在清朝中期已经发生明显变化，儒学《家礼》、僧巫道法等外来礼俗开始在民间流行，对此彭秋潭在《长阳竹枝词》中有叹："家礼亲丧儒士称，僧巫法不到书生。谁家开路添新鬼，一夜丧歌唱到明。"诗文反映了当时土家丧俗的多样化和分层化特征，也印证了"丧祭之仪"确已"与前回不相侔矣"的社会现实。

新中国成立以后，土家跳丧先后经历了从受打压衰落再到重振复兴的曲折发展过程。"文革"时期，为响应"破四旧"号召，跳丧被视为封建迷信，受到严厉禁止。直至改革开放，一系列民族政策的出台，一定程度上扭转了土家传统文化的发展窘境。跳丧作为土家的独特民俗，开始受到政府和学界的关注重视，其身份也实现了从过去的封建陋俗到如今的国家非物质文化遗产的巨大转变。

改革开放后，现代化进程的推进促使土家传统生活方式发生转变，再加上交通条件和媒介技术的突进式发展，土家跳丧所依存的社会文化环境已不复从前。为响应新时代要求，以地方政府为首，联动文化精英和民间力量，社会多方齐力配合，对跳丧展开了系列宣传和改造工作，传统跳丧由此从形式上发生裂变，除却在部分地区依旧得到保留的原生态跳丧，还出现了诸如"巴山舞"、广场"撒叶儿嗬"等新型跳丧形态，跳丧自此开始突破时空限制，从田野走向舞台，从民俗转向表演，逐渐变得商业化和娱乐化。

跳丧仪式在被传承和发展的过程中，更多的是被看作一种祭奠仪式，土家山民用这种歌舞的方式来祭奠自己的祖先，主要包括对伏羲、廪君和向王的感激尊敬和对祖先的怀念，就如同很多民族会用烧香供奉的方式来表达对祖先的感激与怀念一样，土家族人会用这种歌舞的方式向祖先表达尊敬与赞扬。跳丧仪式的成熟时期在明清。明清时期，很多长者去世后，家人都会举行这样的丧葬仪式，还会邀请亲朋好友一起来参加，与现今我们看到的土家跳丧基本一致，甚至更加丰富和规范。

二、土家跳丧仪式的展演

(一)跳丧仪式前的准备

在土家山寨,只要有老人过世,邻居街坊都会前来跳丧。在正式的跳丧仪式开始前,有一系列烦琐的仪式准备流程。丧事的环节一般包括报丧、造执事单、选墓地、请“六合班子”(土音乐师)、丧宴、打丧鼓(跳丧)、开台、收方、入殓、出殡等过程。

当老人落气后,孝家会马上放鞭炮,这称作“落气炮”,即送给亡人第一笔“钱”,另外还要放“落气铳”,告知相邻街坊家中有老人过世,希望大家来跳丧。随之,孝家要安排“都管”来总管整个丧事过程中的大小事务。首先,“都管”要确定料理丧事的人选,并撰写、张贴执事单。都管在造执事单时,孝家需要请风水先生为亡者选墓地。风水先生以“前朱雀,后玄武,左青龙,右白虎”为基准测定方位,以保证其“前有来脉,后有去向”。同时,墓地的打法还有性别区分,一般是“阳打凹,阴打凸”。方位测定后,意味着墓地已选好,此时孝子要守住墓地,以防墓地被不知情者或动物破坏。在选墓地的同时,孝家会派人去邀请专业的跳丧人员前来帮忙跳丧。在早期,土家族先辈们人人都是跳丧好手,所以早期的跳丧完全是由村民们自己完成。而到了现代,尤其是随着改革开放的深入和中国城镇化进程的加快,土家族的年轻人也加入了进城务工的热潮,导致土家村落中年轻人稀少,跳丧出现“断代”的现象。而随着老一辈逐渐老去甚至先后去世,跳丧的技艺逐渐失传,导致如今大部分的土家年轻人不会跳丧。专业的跳丧团队正是在这样的背景下应运而生,它主要是为有需要的孝家提供专门的跳丧服务,并收取一定的报酬。所以,在当今的土家跳丧现场,大多是由花钱请来的跳丧人员作为领头或主力,全程参与全部跳丧过程,而村民们则根据个人兴趣爱好自愿参与。

“落气铳”一响,邻里乡亲都会不请自来。客人来到孝家门口,会燃放一串自带的鞭炮,孝子闻鞭炮声便会出门迎接。客人不论地位尊卑、年龄大小,都要为亡人烧三炷香，磕三个头；礼毕，孝家要对来客下跪三拜，来客将孝子扶起并恭喜其尽了忠孝。在土家，老人过世时“走顺头路”（即老人自然死亡）是一件值得庆贺的事，所以称其为白喜事，客人一般也会“恭喜”孝家。

土家族是一个好客的民族，无论是红喜事还是白喜事，孝家除了备茶水和烟酒等招待客人，还要“招呼”所有来客吃饭，就算是亡者生前的仇家，孝家也会热情招待，所谓“来者皆是客”，正是如此。土家丧事的饮食很有讲究，不论是来客食用的饭菜还是祭奠亡者的饭菜，从种类、数量、摆放方式到上菜顺序都有规定，所以厨师也显得尤为重要。只有厨艺较好且深谙乡规的人才能担当厨师的重任。按土家习俗，不论红白喜事都必须有“六合班子”即土音乐师演奏，是为“乐奏五音迎客至，号鸣三声送魂出”，俗称“坐期”。宾客刚进大门燃放鞭炮，乐师敲锣打鼓表示欢迎；宾客离去，乐师也吹唢呐打银锣相送。此外，上菜时也必须奏乐。土家丧席上有十道菜，每上一道菜前，“六合班子”须奏席乐一次，俗称“吹十碗菜”，以表孝家隆重的“欢迎”“邀请”“答谢”之意。土家丧席的人数有着严格的限制，一般都是每桌十人，每桌配十个菜和一个火锅，且其中三四个菜是能够充分体现土家族饮食文化的特色菜品。按照土家山寨的民俗，不论喜事还是丧事，客人的饭桌上都是“十碗八扣金银包”，即一碗头子（肉糕）、二碗笋子、三碗鸡子、四碗鱼、五碗蒸炸、六碗羊肉、七碗丸子、八碗肚子、九碗正肉、十碗汤。所谓“十碗八扣”，意即十碗菜里第二碗至第九碗菜均“扣”。“扣”即用专门的扣碗盛菜，首先在碗内涂上油，将各主菜铺满碗内，再放进木制的格子，蒸熟后再以莲花碗反扣，倒过来，旋转并去掉扣碗。“金银包”是用苞谷和大米混合蒸熟的饭，呈金黄色和银白色。据《少数民族大词典》记载，在鄂西土家族中有“金建始，银利川”的风俗，可见“金银包”在土家饮食文化中占据重要地位。

待来客用餐完毕，跳丧便正式开始了。早期土家村落里跳丧风气尚浓时，跳丧的时间一般会持续三个昼夜。如今，时过境迁，跳丧的习俗淡化了不少，跳丧的时间一般只持续一天。为了营造跳丧的良好气氛，村民们一般选择傍晚开始跳丧，至次日凌晨结束。跳丧结束后，即进入“开台”环节，即“都管”代替孝家给“六合班子”的乐师们封利市，以示早晨开始，厨房开席，给亡者准备早餐。随后，主孝子抱着亡者灵位，在“六合班子”带领下，鞭炮齐鸣，按顺序先后撤掉五方灵位，同样烧纸、磕头，此为“收方”。“收方”完毕，孝家至亲为亡者奠酒，又称“辞灵”，即下葬前开棺让亲人看亡人最后一眼，孝子孝女大哭，送亡者出殡。至此，一套完整的土家丧事全部结束。

（二）跳丧仪式的表演过程

跳丧是土家办丧事的重头戏，许多来客就是冲着打丧鼓而来。当暮色降临，众里乡亲便会主动来到孝家聚集。孝家安好灵位之后，便在棺材左前方的地面上放置一面牛皮大鼓，鼓以盆架起。待时辰到时，由一名掌鼓师“叫鼓”开启仪式。在跳丧仪式中，掌鼓师是核心人物，人们跳丧起舞的节奏及表现，很大程度上取决于掌鼓师，故跳丧又称为“打丧鼓”。掌鼓师一般是由当地跳丧技艺超群且具有一定威望的长者担任。开场时，掌鼓师猛然以鼓槌击出两声有节奏的鼓响，接着嘴里大声唱着“请出来，请出来，请出一对歌师来”。掌鼓师掷地有声的鼓声和悠长的歌声很快点燃了人们的情绪，围观的男子迫不及待地两两相对，假扮老虎的姿态，或以“猛虎下山”或以“憨虎打斗”的姿势登场。很快，舞场上便挤满了跳丧的舞者。当舞场上基本挤满了舞者时，场下的人便停止上场，在旁边围观舞者们的表演。起初，舞者动作稍有生疏，但几个回合过后，纷纷渐入佳境。舞者们集体跟着掌鼓师的节奏，踩着鼓点抬放左右腿，同时左右摆动两侧肩膀。转身、抬腿、下蹲、跳跃，接着又背靠背腿呈八字半蹲，后迅速转身扬起手臂轻轻对碰一下，转身，重复动作，配合得越来越默契。他们时而对掌擦肩，时而挽臂扭腰，时而冲拳踢腿，时而相互嬉闹，时而两两相对，腿脚相触，时而以背碰背颤摆摇晃，走转蹦跳，憨舞不止，如痴如醉。

舞者们在跳舞的同时，嘴里还唱着丧歌。土家跳丧仪式的丧歌种类繁多，内容丰富，但在跳丧时演唱什么曲目，一般没有规定和限制，而是由掌鼓师随机决定。掌鼓师根据节奏和个人兴趣，先喊出任意歌曲的前两句起头，舞者们很快心领神会，齐声演唱。舞者们对所有的丧歌大多非常熟悉，从歌词到曲调，大都能脱口而出，传唱自如。丧歌的曲目虽然很多，但内容都与土家人生活休戚相关。

在跳丧场上，掌鼓师、舞蹈者、观众的角色可以随时互换。如果围观者有人想打鼓唱歌，他便会直接上场抢过掌鼓师手中的鼓槌边打边唱，围观者变成了掌鼓师，掌鼓师下来变成了观众。不过，掌鼓需要一定的本事，除了会打节奏外，还要音质好，才能喊得起来，否则掌不好鼓。所以，除非本人非常自信，一般人不敢轻易掌鼓，哪怕“抢”到了鼓，如果掌得不好，也会很快被人换下来。相比之下，舞蹈者的替换就更为随意和频繁。若观众看到某一对“搭档”跳得不好，便会强行将他们拉下舞场，自己随机拉上一人上场。掌鼓师或舞蹈者若感到累了，也可以请求他人替换。随着掌鼓师叫鼓的节奏和套路的变化，场上不断有人退出，又不断有人上场，舞蹈者和观众就这样交替地表演着。无论跳得好坏都会赢得喝彩，但也会有围观者饶有兴趣地对舞蹈者进行评论，讨论着谁跳得不足，有时还会去“挠”他一把，以示逗趣或提醒。

如今在跳丧仪式的进行过程中，常常会看到女性的身影。她们在丧鼓场上的表现丝毫不亚于男性。在土家族的传统风俗中，女性跳丧是大忌。传统的土家人认为，跳丧源于巴人祖先的战前军舞，战场是男性争夺领地、保护族群的专属领地，如果女性都要上战场了，则预示着民族即将灭亡，因此，土家有“女人跳丧，家破人亡”的习俗禁忌，意在保护民族的延续与生生不息。但随着时代的发展，土家人对女性跳丧的观念愈来愈开放，尤其是随着女性社会地位的提高，越来越多的女性纷纷加入跳丧的行列，生性乐观的土家人也逐渐接受了这一全新的“风气”。事实上，除了女性不能跳丧的禁忌，“白天不跳丧”“无丧事不跳丧”等诸多禁忌如今也逐渐被打破，土家跳丧的文化氛围越来越宽容、开放。

三、土家跳丧仪式的构成及其文化属性

（一）仪式动作及其文化内涵

跳丧仪式中最具表现力的构成部分便是丧舞了。作为一种艺术形式，跳丧中的舞蹈不仅通过特定的动作艺术性地完成了仪式的展演，更承载和展现出了土家民族独特丰富的民族风俗和文化内涵。

如前所述，跳丧舞蹈整体表现为含胸、弯腰、躬背、摇晃几种动作形态，这些

动作其实就是对土家族的图腾——白虎相互进退、撞击、嬉闹、逗趣、觅食等动作的模仿。舞者在跳舞时，无论是动作、神态还是表情都是在模仿及展现老虎的日常生活：如跳丧中的"猛虎下山"这一动作，就是模仿老虎觅食过程。舞者颤身、左右摇晃，模仿的是老虎初见猎物并欲接近猎物的神态，接着，掌鼓师鼓点猛然一变，舞者猛然起身跳跃，扑向"猎物"，同时转身，口中还发出阵阵咆哮声，动作雄壮威严。除了觅食的再现，老虎扑食的动作在跳丧舞蹈中也得到充分展现。如在舞蹈过程中，两名舞者相互注视对方左右摇晃，继而搂肩对跳，表情严肃；随着一声高昂的音乐响起，其中一人猛然起身跳跃，借势翘起臀部，呈攻击状，另一方乘势腾入空中，做逃跑状，将老虎扑食的过程展现得淋漓尽致。此外，跳丧时舞者一边将双手放在脸部面前左右晃动，一边用胯部跟着音乐节奏左右晃动，还用肩膀去蹭其他舞者的肩部，时不时哈腰曲膝，十分可爱，这便将老虎日常的相互逗趣和嬉闹展现了出来。老虎走路时双足紧扣地面，尾巴上下轻轻抖动，跳丧的舞者脚掌紧紧贴地，双手空握拳头，上身颤摆，下身下沉、颤动，胯部有节奏地左右晃动，仿佛老虎摆尾。跳丧中还有腾空跳跃、旋转等动作，颇具猛虎腾空跳跃的"虎威"。又如"虎抱头"，两人靠肩、下蹲、哈腰、双手抱头，形象再现了两只幼虎相互抱头的场面。

除了对老虎的大量模仿，跳丧舞蹈中还有一些模拟其他动物动作的舞姿和造型。如在名为"凤凰展翅"的舞蹈中，舞者二人背贴背，将双臂展开，优美而有节奏地上下扇动，仿佛凤凰展翅一般。再如在跳"燕儿衔泥"时，舞者手中拿着一块被撕成五条相连条状的白布，挥着白布在场地环绕，环绕一会后舞者会将手中的白布丢在地上，双腿劈叉，双臂向后翘起做扇动状，并弯腰用嘴衔起地上的白布，整个过程都是在模仿燕子寻找窝泥的情形，十分有趣。除此之外，"观音坐莲""雄鹰展翅"等都是对动物日常生活状态的模仿和呈现，这些呈现自然生活中动物动作的舞姿，使得跳丧舞更加绚丽多彩，充满浓郁的生活气息。

跳丧的舞蹈动作以腿部的颤动和手部的摆动律动为主，虽然舞步简单，但动作夸张、粗狂，有男性阳刚之美，这与土家族的祖先——巴人勇猛的性格有关。据史料记载，古代巴人英勇善战，每每遇到战事，巴人们必定在战前击鼓起舞，以鼓舞士气，这便是后世广为流传的"军前舞"。军前舞跳得愈勇猛、粗狂，才更能鼓舞士气。土家族作为古巴人的后代，在跳丧时也继承了这些特质。例如“凤凰展翅”是模仿凤凰展翅飞翔的姿态，舞者跳舞时双臂舒展，上下翻飞。“牛擦痒”则是模仿耕牛搔痒的情形，在舞蹈中舞者不时以胳膊肘互相擦碰，或背对背相搓，让人不由得想起田间地头耕牛抖动身体“挠痒痒”的有趣画面。除此以外，跳丧中还有“犀牛望月”“狗吃月”“燕儿衔泥”“幺妹子姐筛箩”“狗扯腿”等舞蹈，这些舞蹈从动作的命名到具体的表演，无不是对巴人劳作、生活场景的形象再现。

跳丧仪式中的舞蹈也是对其民族生活习惯和风土人情的反映。跳丧舞蹈的总体形态特征是含胸、弯腰、躬背、摇晃，其动作特征也相应地呈现为“顺”“曲”“颤”三种样式。“顺”指的是同手同脚，同边动作，跳丧舞蹈中大部分的动作都是同边动作，即表演时同时出左手左脚或右手右脚。这在现代舞蹈的动作中是极为少见的，也不符合大众的审美习惯。跳丧舞蹈中大量出现上述动作，其实有其特殊的内涵，它与土家人的民族生活环境休戚相关。从地理形态上可知，鄂西北清江流域的土家人多生活在高山地带，土家人的生产生活都离不开爬山，崎岖不平的山地造就了土家人灵活的四肢。要在高山的地势环境中行走，就必须找到脚掌的着力点，保持身体的平衡，而在向上攀爬时，土家人需要将身体重心移向用力的那只脚掌的另一侧，两手也向另一侧摆动，长此以往，便形成了顺边的习惯和体态。这是地处高山地区的土家劳动人民勤劳和智慧的体现，它不仅省时省力，还成为土家民族日常的生活形态和一种艺术美。“曲”也是跳丧舞蹈动作中的一大特征。跳丧中的舞者体态从身体到臂腿常常保持弯曲的状态，这除了与模仿动物的动作有关，也与土家人的生活环境有关。清江流域多河流，人们在过河、拉纤的过程中会自然弯曲。“颤”是跳丧舞蹈中的动律核心和主体风格。无论是跳丧舞蹈中的摇摆、跳跃还是弯曲，都会将“颤”寓于其中，每种动作的呈现都能让人感受到“颤”的元素和动律。这当然也是与上下山的膝部屈伸有关，山体的险要让人在上下山时需要不断交替做“曲”和“直”的动作，循环往复，逐渐形成丧舞中的“颤”动律。

跳丧的舞蹈在艺术形式上还表现为两两对舞的特点。两两对舞的形式更有利于舞者之间的交流和互动，因为跳丧舞蹈中的很多动作都需要舞者之间相互配合和交流来完成。此外，丧舞中的两两对舞形式更频繁地出现在男女面对面歌舞中，呈现出一种刚柔并济、阴阳交合的形态。这其实是土家人情感的一种表达，同时是土家人开放豁达、不拘一格的性格的体现。

（二）仪式歌曲与祖先印记

跳丧仪式中的音乐呈现也格外重要。土家仪式中传唱的歌曲内容极为丰富，有情歌、农事歌、劝者歌、盘歌、庚歌、叙事歌等，歌词内容多涉及日常生活的方方面面，从民族迁徙到现实生活，从历史人物到山川风物，从传说故事到猜谜打趣，每首歌都有故事情节和叙事抒情，每首歌都蕴含着演唱者自身的感受。跳丧仪式中的歌曲富于能动性和现实性，它充分体现了土家族地区的人民善于借物抒情的特点，人们在演唱时，会不自觉地把自己的情感融入歌唱中。

跳丧仪式中的乐曲整体上表现为高昂欢快的基调和气氛，其唱词的内容蕴含十分广泛，大致可以概括为两种类型：一是歌颂亡者、祭奠亡灵和颂扬祖先丰功伟绩；二是展现土家民族风土人情、日常生活和文化故事。唱词多为七言五句，也可长短不一，但上下多呈曲牌格律形式，在唱词的两句中间都加一句“跳撒叶儿嗬喂”或者“解忧愁噢”。

土家人认为，人是有灵魂的，死亡并不意味着生命的灭亡，因为人死后灵魂和肉体会相互分离，灵魂通过仪式的超度，最终去追寻祖先们聚居的地方。因此，祖先是人最终的归宿。在土家族民心中，祖先是为他们开荒拓土、给予他们美好生活的伟大人物。祖先对土家族民来说不仅是英勇神武、无所不能的存在，还是他们生前无限崇拜、死后前往追寻的“神话”。因此，跳丧的歌词中自然会出现大量歌颂亡者、安慰生者、颂扬祖先业绩的内容。土家人祖先崇拜的对象是廪君、向王天子。如丧歌中唱道：“开天，天有八卦，开地，地有五方。先民在上，尔土在下。向王开疆辟土，我民守土耕稼。”从歌词中可以看出土家人对以廪君、向王天子为代表的土家先民充满了崇拜和敬畏之情。此外，在丧歌的歌词中，还有颂扬土家先民开疆辟土和原始图腾的印记。如《盘古出世》一歌中唱道：“混沌初开出盘古，浑身一丈二尺五。手持开天辟地斧，劈开中央戊巳土。人凭天地号三皇，天皇地皇与人皇；轩辕皇帝织衣巾，神农皇帝尝百草……”再现了土家祖先开天辟地的壮举。再如《待尸》中唱道:“走进门来抬头望,桑木弯弓挂墙上”,是土家先民渔猎生活和征战生活的再现。长阳境内流传的《土船变龙舟》是土家人对土家始祖的全民称颂:“向王天子掌舵,德济娘娘掌艄,驾起土船游夷水,鸡公山下把船靠,一停数个秋,土船变龙舟。”而对祖先开发清江的传唱更是将祖先的功绩抬升至无所不能的神化境界:“向王天子一支角,吹出一条清江河。声音高,潮水长,声音低,潮水落。牛角号,弯牛角,吹出一条弯弯拐拐的清江河。”除了对祖先的集体歌颂,人们还会将祖先的事迹和贡献一一在唱词中列出,以此来表达对祖先的敬畏、崇拜和感激之情。如《开场歌》中唱道:“八个儿子八个将,个个战死在沙场。八个儿子八员虎,两个女儿英雄将。杨家歌儿唱不完,个个留个好名声。”在这些歌曲中,祖先英勇、神武的英雄形象被形象生动地还原、呈现,土家人对先民的感恩和祖先的敬畏,在一字一句的传唱中演绎得淋漓尽致。

在跳丧的唱词中,还涉及很多日常生活的趣事,以及关于男女情感、打情骂俏的情话故事。这也是因为跳丧至下半夜时,人数逐渐减少,加之夜深人乏,跳丧的氛围远不及上半夜浓厚。为了调节气氛,人们往往用情歌来活跃现场的气氛,重新点燃大家的情绪。正如跳丧唱词中所唱的,“莫把丧鼓冷了台。丧鼓场上有点巧,不来荤的不热闹”。这些有关男女情感的歌词中,有符合社会道德规范的正常的男女相思,如:“隔河望见姐爬坡,打声排哨姐等我。姐儿听见排哨响,慢手慢脚慢爬坡。阴凉树下等情哥。这山望见那山高,望见那山好茅草。没得柴烧请人砍,没得水吃请人挑,莫把娇娇累成劳。这山望见那山高,望见那山好茅草。割草就要刀儿快,捞姐还要嘴儿乖。站到说哒拽下来。隔河望见姐爬坡,打声排哨姐等我。姐儿听见排哨响,慢手慢脚慢爬坡,阴凉树下等情哥。”有《五句子歌》:“高山顶上一丘田,郎半边来姐半边。郎半边来栽甘草,姐半边来栽黄连。栽甘草,栽黄连,苦的苦来甜的甜。”还有被社会主流价值理念排斥在外的各种男女情感,如:“说起唱歌就唱歌,说起推船就下河。唱歌不怕歌师狠,推船不怕烂岩壳。捞姐不怕丈夫恶。好歌唱来好歌回,好客好酒好客陪。习性相近来陪着你,习性相远来陪着他。栀子陪着牡丹花。”此外,在男女情感对唱歌曲的舞蹈动作中,有许多对动物交配的模仿,如“古树盘根”“老汉推车”

等动作中，舞者二人相互绕手、撞臂，是一种明显的性动作。这些与当代文明社会价值规范相悖的内容看似离经叛道，然而在土家人的丧鼓场上却显得自然流畅。原因在于，土家跳丧无论是舞蹈还是唱词很多都是对祖先生活场景的再现，这些看起来有些“离经叛道”的唱词并非意味着土家人无视现代社会的道德准则和公序良俗，实际上这正是原始社会中土家人群居生活的真实再现，也是土家族源远流长的生育和繁衍文化的一种传播形态。

（三）仪式符号与文化规约

场所是仪式构成中一个非常重要的组成部分，场所不仅仅是跳丧仪式得以举行和完成的一个真实空间，还通过即时情境赋予了跳丧仪式更多的文化意义，帮助参与者更好地理解和感受仪式及其背后的民族文化。

跳丧仪式是早期传承下来的欢送逝者的民族仪式活动，在举行的条件和场所上有着特殊的规矩。在土家族，跳丧并非适用于所有的亡者，只有亡者步入花甲之年，其父母已经离世且后代发达兴旺，也就是亡者走了“顺头路”时，才能举行跳丧仪式。若是英年早逝或者死于非命等非正常死亡情况，或亡者的父母健在，一般不举行跳丧仪式。对于前一种情况，土家人认为这是其民族延续与壮大的一种损失，而后一种情况，土家人也会认定亡者先于父母去世而没有尽到尽孝的义务，不值得庆祝，自然也不能“欢欢喜喜送亡人”。

跳丧仪式的场地一般定在孝家的堂屋。亡者去世后，孝家会在堂屋里设置灵位，棺木放于堂屋中间，鼓位于棺木右下方，掌鼓师手持鼓槌站在鼓后方，舞者则在棺木的前方进行舞蹈（见图 2-1）。不过，随着时代发展，跳丧的场所限制没有那么严格了，加上参与跳丧和围观的观众较多，而堂屋的空间有限，跳丧有时也会在孝家的庭院之中进行。

举行跳丧仪式时，除了场地之外，还有一个必不可少的道具——鼓。事实上，从“打丧鼓”这一别称中便可看出鼓在土家跳丧仪式中的重要地位。如前所述，在仪式进行时，鼓作为掌鼓师的“乐器”，不仅控制着跳丧的节奏，还被赋予了一种处于仪式权力中心的符号地位。而非仪式时间，鼓亦彰显了一种处于社会中心的符号权力功能。跳丧所用之鼓一般以椿木和牛皮绷制而成，有固定的

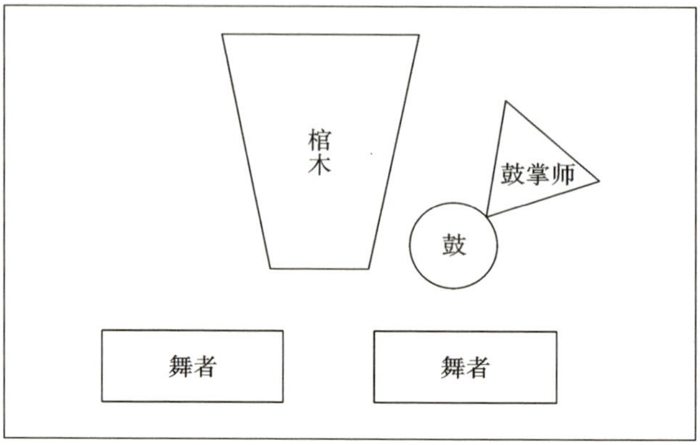

图 2-1　土家跳丧表演场地示意图

大小、形状和尺寸规定，并配有一对鼓槌。在早期，农村的经济较为落后，土家人的生活水平普遍不高，因此，对于土家村民而言，每家拥有一个鼓成了一种奢侈的负担。在此历史背景下，鼓虽然是跳丧的必需品，却不是每家必备，而一般由几户甚至几十户人家共同定制，集体拥有。在日常不跳丧时，鼓由其中的某户人家保管，但这户人家居住的地理位置必须处于这几户或者几十户人家的中间，这种考量基于两个原因：一是因为鼓归大家共同拥有，在地理位置处于中心的人家存放，既方便取用，又体现公平公正原则；二来地理位置中心点的寓意也正好体现鼓的"中心"地位。由此可见，鼓在土家人的生活中具有重要的仪式寓意。除了存放，鼓的借用也比较有讲究。鼓为集体所有，当有人去世需要跳丧时，孝家会派专人来"借用"。来者一般会带上一把草烟和一斤酒，作为答谢的礼物。跳丧结束之后，丧鼓不能立即归还，而需暂时存放在别处，大约一个星期之后才能归还保管者，以免给保管鼓的人家带来晦气。

除了鼓之外，跳丧中还会用到一些吹打乐器，比如锣、边鼓、唢呐、长号、梆子等，这些乐器是给"六合班子"演奏用的。"六合班子"是土家族红白喜事中都会出现的"土音乐师"，他们在迎送宾客、上菜等环节会参与奏乐，宾客进场和离去时也会奏乐表示欢迎和欢送。土家丧席上有十道菜，上每一道菜前都需要奏席乐一次，共奏十次，因此这十道菜被称为"吹十碗菜"，也是对宾客表示欢迎和答谢之意。

早期的跳丧仪式，除了场地有严格限制，跳丧人员的穿着服饰也有诸多讲究。跳丧人员头缠白色头巾，上身着白色便衣或者白色马褂，下身穿青色或深蓝色便裤，脚穿青步便鞋，腰间系着一根腰带。这种穿着有着既定的符号意义，既是丧葬仪式情境创设的构成要素，也是土家民族文化和风俗的反映。后来，农村经济结构的改变和外来文化的冲击，使得跳丧的传承和保护受到一定影响，土家人跳丧的观念和意识有所淡化，跳丧中的服饰规定也日益从简。人们在跳丧时，大多是穿便衣出场，有时甚至会穿红色衣服出现在跳丧仪式的现场。对此，不论是孝家还是乡里乡亲都不会介意，这种仪式符号心态的改变，亦折射了土家族文化的自我更新和进化。

四、跳丧仪式中民族文化价值观呈现

任何文化都是先有观念、信仰等，才有实现这些观念、信仰的行为活动。① 观念和信仰并不具备实形，它们只能通过有形的载体表现出来并为人们所感知。土家跳丧从表面上看是一种融合了歌舞乐元素的祭祀仪式，同时也是作为一种物化的文化事象存在。通过仪式有形符号的展演，跳丧传达了土家族自然崇拜、图腾崇拜、祖先崇拜等深层次的文化信仰，这些原始而古老的观念深深扎根于土家族民众的意识深处，成为跳丧的文化本源所在。

（一）民族信仰：图腾-祖先崇拜

任何文化都是先有观念、信仰等，才有实现这些观念、信仰的行为活动，才会产生与之相关的物质或物化的文化。而观念、信仰本身是看不见、摸不着的，它需要通过一定的行为动作、物质形态来表现。②土家跳丧作为土家民族具有代表性的仪式之一，正是通过一定的行为动作、符号意义来表现土家民族深层的观念和信仰。人类社会初期，知识和文化萌芽的产生与宗教的关系极大，因为人类的力量是有限的，很多事情无法解释或无法达成时就会寄托于神灵，于是

---

① 何星亮.中国自然神与自然崇拜[M].上海：上海三联书店，1992.

② 何星亮.中国自然神与自然崇拜[M].上海：上海三联书店，1992.

各种崇拜神灵与祖先的丧葬仪式应运而生。土家跳丧仪式正是土家族人建构在图腾崇拜和祖先崇拜中的文化活动和形式，体现着浓厚的图腾崇拜、祖先崇拜和巫文化。

祖先崇拜是土家跳丧信仰的主题，丧葬仪式的核心就是祖先。土家人认为，祖先是人最终的归宿，人死后并不是结束生命，而是回归祖先、追寻祖先，祖先于土家人而言是伟大、无所不能、庇佑民族的神灵。土家族祖先崇拜的对象主要是廪君或称向王天子。据《后汉书·南蛮西南夷列传》记载："巴郡南郡蛮，本有五姓：巴氏、樊氏、谭氏、相氏、郑氏，皆出于武落钟离山。其山有赤、黑二穴，巴氏之子生于赤穴，四姓之子皆生黑穴。未有君长，俱事鬼神。乃共掷剑于石穴，约能中者，奉以为君。巴氏子务相乃独中之，众皆叹。又令各乘土船，约能浮者，当以为君。余姓悉沈（沉），唯务相独浮。因共立之，是为廪君。"意思是说，在巴郡村落中有五姓，为了更好地统领和生活，五姓必须联合，于是他们通过掷剑、浮舟等生产劳动技术的方式选出五个部落的共同首领，这个共同首领就是廪君。这位勇猛刚强的部落首领便成为土家族民尊敬崇拜的祖先。对廪君的崇拜与歌颂在土家跳丧的丧词中有大量的体现，唱词中的"向王开疆辟土，我民守土耕稼"就表达了土家族民对廪君等祖先的赞美、崇拜和敬畏之情。书中亦记载廪君去世后化成白虎，巴人闻讯从四面八方赶来，为廪君举行了隆重的葬礼，在葬礼上巴人唱歌跳舞，通宵达旦，用歌舞表达对廪君的不舍和生前功绩的歌颂，这种祭祀舞蹈被记载为"白虎舞"。现当代跳丧的丧舞也有被称为"白虎舞"的说法，所以无论跳丧仪式如何演变，这种舞蹈和跳丧仪式都蕴含着对廪君等祖先的怀念和歌颂。在族民眼中，以廪君为代表的祖先是勇敢与智慧并存的化身，是需要族民永远尊敬和歌颂的，并且这种对祖先的尊敬和崇拜是发自内心，油然而生的。所以在跳丧中，族民通过唱词中一系列生动的词句将祖先们如何开辟疆土、保卫家园以及如何通过努力和智慧勇敢地与野兽斗争等一幅幅场景展示出来。对祖先的崇拜也体现在跳丧的舞蹈动作中，很多动作的原型就是来源于巴人狩猎时的场景或形态，这些舞蹈动作会刻意模仿祖先狩猎或者生活场景中的动作，虽不一定符合现代的审美，但刻意夸张又大胆的舞蹈动作是族民对祖先真真切切的崇拜和尊敬。

土家老人过世后,一边唱着有关图腾先祖的颂歌,一边模仿图腾的动作跳舞,其本意就是希望能得到图腾先祖庇佑,福延后世。而据可靠史料证实,土家族以白虎作为氏族图腾,跳丧中出现的大量模仿白虎的动作以及有关白虎的唱词,其实就是典型的图腾崇拜的体现。土家跳丧中有着明显的图腾崇拜文化,被土家人作为种族图腾进行崇拜和尊奉的白虎在跳丧中得到了显著的尊重和地位。图腾崇拜是人类最早的崇拜形式,在氏族制时期就已经形成。图腾最开始被视为部落的亲属或祖先,在后来发展中逐渐被神化,成为保佑部落族民的神灵,被族民崇拜和尊敬。土家人称自己是“巴人”的后代,巴人在早期狩猎中意识到了白虎的凶猛,这种对白虎凶猛的畏惧和尊敬促使巴人将白虎作为种族的图腾进行崇拜和献祭,以此来保佑族民。白虎在土家族民心中一直被视为是不可战胜之物,族民认为自己本族的成员与白虎有着神秘的血缘共生关系,民族的兴衰与白虎图腾有着密不可分的关系,因此,白虎图腾崇拜已经成为土家族的一种民族信仰,是土家民族文化的重要组成部分,维系着民族内部关系和团结。

除了对原始图腾崇拜意识的反映外,跳丧还传达了土家族祖先崇拜的深厚情节。相传向王天子,即廪君,是土家巴人的远古祖先,也是与土家族白虎图腾有着脐带关系的民族神,廪君死后其魂魄化作白虎,因此某种意义上来说,白虎是土家族自然保护神和祖先的共同化身,这种“人虎互化”的双重属性为土家白虎图腾注入了多层次的丰富含义。白虎既是守卫这个民族的超武勇猛的自然神,也是生养庇佑土家族子孙后裔的远古先祖,人们崇拜白虎就等同于崇拜自己的祖先,因此跳丧唱词中涉及对白虎的歌颂同时也是对土家世代祖先亡灵崇拜的反映。跳丧仪式与白虎崇拜有着紧密的联系,首先,跳丧的舞蹈动作中有非常多模仿虎的动作。跳丧是将“军前舞”与村民狩猎等日常生活要素结合演变而来,本身就带有大量对动物动作的模仿,但其中对白虎动作的模仿最多,是典型的白虎图腾崇拜。跳丧动作整体表现为弯腰、躬背、摇晃等,这些表现与白虎的行为特征极其相似。舞者双手做出虎爪的姿势在脸部面前左右晃动,很像白虎在洗脸;舞者身子跟着节奏腾身颤摆,胯部有节奏地左右晃动,很像白虎摆尾;舞者腾空跳跃、旋转等动作是为了模仿白虎的威猛有力。更为有意思的是

“猛虎下山”，这是对白虎觅食过程的展现：先注视、左右摇晃，两个舞者相互配合，随着音乐逐渐高昂，猛然起身跳跃，一人一跃，一人一掀，突见一名舞者从被挽着的舞者头顶后空翻过去，口中还发出阵阵咆哮声，威猛雄壮，十分精彩。当然除了对白虎勇猛的刻画，还有对白虎的日常逗趣进行模仿。例如两个舞者左肩相靠，双手抱头，哈腰曲膝，上下晃动，像是白虎在嬉戏打闹。并且跳丧中的节奏和律动也与白虎的步态有很大联系，即每走一步用三拍时间，第一拍上步，第二、三拍颤身，全脚掌紧紧贴于地面，恰似白虎的行径，因此跳丧舞又被称为“白虎舞”。除了跳丧中的舞蹈动作，丧词中也有很多对白虎的崇拜和尊敬，如长阳丧鼓舞《十梦》中唱到：“三梦白虎当堂坐，当堂坐的是家神”，把白虎当作家神和祖先。其次，土家人跳丧的服饰、妆容和道具也常和白虎有关，如穿着印有虎纹的服装、把脸化成白虎的模样等，亡人入棺后要在棺木上盖上一层虎皮。这些都是为了更加逼真地模仿白虎，更加真诚地表达对白虎虔诚的尊敬、信奉和崇拜。

（二）民族精神：乐观、豁达、无畏

远古时期，由于人们对自己的身体构造缺乏科学认识，误以为思维和感觉是独立于身体之外的灵魂的活动，并相信灵魂会在人肉身死亡后继续存活，即“灵魂不死”。对这一观念深信不疑的原始人由此产生了对灵魂的过度幻想，他们将亡魂幻想为具有超能力的“鬼”，因为担心自己言行不妥会遭其谋害，于是想尽一切办法试图去取悦讨好对方，于是妥善安置亡者遗体，并为其举行体面送别仪式的传统便出现了。丧仪在早期承载了原始人类安抚亡灵、避灾求福的朴素愿望，心愿虽是相通的，但具体如何去实现，不同民族有不同的处理方式，这种差异主要源于他们各自相异的自然崇拜对象。除了信奉鬼神，原始人类也折服于大自然的神秘力量，并从“灵魂不死”引申出“万物有灵”的观念，他们基于各自的生活环境特性，选取相应的自然生灵作为本民族的保护神。

丧葬仪式是生者与死者在幻想境界中的灵魂对话，也是人们生死观念的形象化演示。跳丧以其歌舞喧哗、热闹欢喜的丧仪氛围与哀丧文化区别开来，将丧事当作喜事办，这体现了土家族独特的生死观。生与死作为生命的两级，一

直都是人类进化面临的最突出的问题，在前人无数次寻求长生未果的现实打击下，人们开始学会自我消化死亡带来的痛苦，并基于这种本能的心理需求，形成了各具特色的生死观念。在土家人的认知里，死亡不是寂灭，而是另一种形式的生存，亡灵通过仪式的超度脱离现实之苦，得以与祖先团聚从而获得永生。土家先民对死亡的恐惧在自我编织的理想神话中得到有效缓解，也直接促成了丧葬性质从哭丧到喜丧的转化，充分展示出土家族对待死亡乐观豁达的精神风貌。

葬礼在中国传统文化中是一项承载诸多象征意义的重要仪式，中国传统的葬礼以及祭奠仪式中的空间、角色、行为和过程等都蕴含着仪式背后深刻的文化。土家跳丧这一仪式虽与一般丧葬仪式不同，但是其仪式的空间、过程及其象征符号都体现着土家民族的文化内涵。

跳丧区别于一般丧葬仪式的最根本特征是其“丧事喜办”的本质。在常人眼中，死亡是忌讳的话题，因为人有着一种本能，那就是对生的渴望和对死的恐惧，祭奠亡人的丧葬仪式天然地具有悲痛和庄严肃穆的氛围。但土家的丧礼上并没有悲伤痛哭这一说，而是以载歌载舞、欢庆死亡的形式来表达生命永恒的哲学思考。这种欢庆死亡的形式在常人看来是不可思议的，但这却是土家民族独特文化价值观的体现，是笑对死亡、乐观豁达心态的体现，是民族个性生死哲学的体现。这种生命哲学根源于土家先民的生命轮回意识。如前所述，土家先民在认识个体和他人的过程中产生了灵魂的观念，认为万物皆有灵魂，灵魂皆不灭，生命为永恒，生命可轮回。他们认为生命是会永恒存在的，生、死只是生命的两种不同的形式，生死会进行轮回交替，正如大自然中花草树木一般，冬天枯萎了，来年春天又会继续生根发芽，种子便是它们不灭的灵魂。人死后依然如此，肉体虽已死亡，但灵魂依然存活，会追随祖先去过另一种方式和意义的生活。这种生命轮回的观念被传承下来，形成了土家族乐观豁达看待生死的民族文化。所以一旦有走“顺头路”去世的人，村民都会为其跳丧，因为走“顺头路”死亡是一种福气，意味着他完成了在世间的使命，需要去到另一个世界与祖先一起生活。而跳丧就是为了帮助亡者的灵魂进行超度，为了庆祝亡者在另一个地方开始“新生”，所以一定要唱、要跳，要开心地表达对祖先庇佑的感激之情。

跳丧呈现出土家族民勇敢无畏、积极拼搏的价值观念。土家族将白虎作为自己的民族图腾，对白虎的尊敬和崇拜之中也体现了对其精神的美好向往。他们希望自己也能像白虎一样具有勇猛刚强的能力和无畏拼搏的精神。跳丧仪式的唱词中也寄予了土家人在遇到困难和危机时能迎难而上、顽强不屈的美好愿望。如唱词中写道：

花开柳，叶儿大，人家怕你我不怕。

我和皇帝跑过马，我和老虎打过架，专到草里寻蛇打。

花开柳，叶儿勾，骑匹骡子下荆州。

荆州破他十三首，又破三十在柳州，挑起歌本找对头。

花开柳，叶儿红，十二三岁上广东。

广东有股清凉水，一口喝下九条龙，单人独马显神通。

……

花开柳，叶儿细，要唱兼文带武的。

要唱文的我也有，要唱武的我也多，文武双全怕哪个？

这些唱词深刻刻画了土家先民在面对敌人和困难时仍然不惧困难，勇猛地以自己的力量顽强拼搏的场景，这些描绘和刻画是通过跳丧这种独特的仪式在向土家族民传播顽强拼搏、积极向上的民族文化。丧词中对美好爱情的祝愿、对美好生活的向往、对老人真心尽孝的提倡歌颂，都体现了土家民族积极向上的民族文化。

古希腊哲学家爱比克泰德说："可怕的事情不是死亡，而是对死亡的恐惧。"[①]正是对死亡的恐惧才让人们不敢提及死亡，对与死一切有关的东西都保持着惧怕和敬畏之心，土家人可以在丧葬仪式上唱歌跳舞、欢快愉悦，正是因为他们没有对死亡的恐惧，或者说他们将对死亡的恐惧进行了转化。这种用生的喜悦来化解死的悲痛的方式正是土家民族恣意洒脱、乐观豁达看待生死的民族文化的高度体现。跳丧唱词中含有很多表达和传承"生死有轮回，乐观待生死"的观念，这些唱词唱出了土家人对生老病死自然规律的认识和乐观豁达看待生

① 段德智.死亡的哲学[M].武汉：湖北人民出版社，1996.

死的文化价值观的认同和传承。

(三)民族根基:巫文化

崇尚巫文化也是土家民族信仰中比较明显的特征之一。早期社会中很多自然现象是人们无法解释的,而一旦出现人们无法理解又不能解决的问题,人们便会转向求助鬼神巫术,把鬼神巫术作为人们达成美好愿望的通道。于是,人们越来越相信巫术的力量。在这样的社会机制中,巫师大量出现并具有崇高的地位和号召力。在土家人的心中,巫师上知天文,下知地理,不仅能预测吉凶祸福,还能化解灾难,久而久之,巫师便被视为神的化身,并成为部落内部地位最高、最有影响力的人。

跳丧传达了土家族"灵魂不死,虽死犹生"的生死观,而作为践行这一心理神话的仪式之一,跳丧还体现了古代巫文化的遗风。由于早期受到巴楚文化的影响,土家族文化呈现出浓厚的巫术色彩,崇鬼信巫的民间传统反映到跳丧仪式中,具体表现之一为对"歌郎"的巫崇拜。"歌郎"又可称作歌师或歌友,在跳丧歌谣里,他通常被刻画为具有通神能力的巫师形象,他是仪式的主导者,也是沟通阴阳两界的使者。跳丧开场"请歌郎",即奉亡魂之意,邀请歌郎前来主持丧礼。歌郎到场即开始唱歌,他说的话形同"咒语",可以引渡亡者去往彼岸,也可以祈求天神福佑人间。待歌郎作法行进至结尾,还需要最后设置一道"送歌郎"。如此一请一送,展现了土家人对歌郎的尊敬和崇拜,这也是对原始巫术和巫力量的崇拜。

跳丧仪式中大量呈现出对巫文化的信仰。仪式前后都会有一些巫术表演,比如跳丧仪式正式开始前的"游丧"环节。"游丧"又叫"大叫亡人",是由法师带领孝子们捧着菜肴、绕着棺材转圈祭奠亡人,意即邀请刚去世的人和祖先们一起前来"吃饭",整个过程十分讲究和漫长。"大叫亡人"中的"亡人"不仅指的是已经去世的人,还包括孝家祖祖辈辈的祖先。土家人认为,祖先们的神灵时刻都在保佑着子孙后代,所以对已经去世的先辈们需要进行十分虔诚的祭祀。随着唢呐声的响起,孝子们跟着演奏队伍由堂屋来到厨房接菜,孝子需要下跪接过厨师递的菜,随后跟着演奏队伍返回灵堂,围着棺木转一圈,转完之后在背对灵堂一米处的地方跪下，将手里的菜举过头顶递给旁边跪着的另一位孝子，另一位孝子继续递给下一位，直到递给灵堂桌边站立的长者，最后由长者将饭菜端给亡者和逝去的祖先食用。“大叫亡人”需要的菜肴一共有九道，每一道菜都需要用这样的仪式方式敬上，从端菜到步法都有特定的要求，这正是巫文化的充分体现。如今，土家跳丧中的巫术色彩淡化了很多，“游丧”依然是一种巫术表演，但相比早期省去了很多巫术色彩过重的程序。这样的变化虽与时代发展和社会环境的变迁有很大的关系，但更深层次的原因是仪式在传播中进行了自动滤化，仪式传播会根据时代的变化与环境的需要进行相应的改变。

总的来说，跳丧反映了土家族以祖先崇拜为核心的文化信仰，土家跳丧从某种意义上说就是将亡者之灵向祖先之灵转化的仪式。无论是仪式中穿插的歌颂祖先伟绩的唱词，还是承载民族繁衍生息愿望的肢体舞蹈，抑或是带有明显巫术色彩的渡灵程式，这些都是土家族原始宗教信仰的直接呈现。透视土家跳丧，我们可以看到这个民族缤纷多样的信仰文化，而整合这些异质文化的力量主要来自土家族务实的文化精神。它在跳丧仪式中表现为强烈的生命意识和独特的生死哲学，这种对生存利益的渴盼构筑成土家族的精神大厦，纵使现实残酷、命运艰辛，信仰的光芒却始终笼罩着这个民族，一路支撑他们从原始荒蛮走向灿烂未来。

第三章 跳丧仪式中土家文化价值观的传播模式

詹姆斯·凯瑞将传播放在文化的视角中进行考察，在仪式观下对传播进行了重新的定义："传播是一种现实得以生产、维系、修正和转变的符号过程。"①仪式本身就是一个传播的过程，跳丧仪式自然也可以被看作是一个生产、维系、修正和转变的符号过程。在土家族民现场参与跳丧仪式的过程中，他们不仅会通过现场的交流和表达来获取信息，还会沉浸于当下的仪式情境，以加深对仪式内涵及所体现的民俗文化的理解。在仪式结束后，跳丧依然能够通过社会空间和民族历史记忆的传递来形成其在更大范围和更广空间内的传播。土家民族文化价值观在跳丧仪式的传播过程中被生产、维系、修正和转变。通过现场传播、社会空间传播和民族历史记忆传播，跳丧仪式不仅表达出跳丧的基本信息，还传递着属于仪式参与者共同的记忆和信仰，并通过这些记忆和文化的内化增强了族民对民族文化的认知、理解和认同，完成了族民对民族主流价值的内化，提高其对民族的认同感，进而维系着民族关系，维护着民族的稳定，实现了仪式化传播的意义。

一、仪式现场传播：信息的共享和文化的认同

土家跳丧仪式的举行，在某种程度上说，就是一场面对面的传播，仪式现场

① 图古丽·斯依提．传播仪式观视域下维吾尔族婚礼仪式变迁研究[D]．兰州：兰州大学，2013.

的场地布置、流程规范、动作展演等都可以视为特殊的传播媒介。跳丧仪式在现场完成了一次非常直接和明显的传播：通过场地的搭建，为参与者提供了一个可供交流信息的场域；通过仪式的现场展演，让族民在亲身参与和观看中获取信息；最后通过仪式情境的创设，让参与者在共同的环境和共同的体验中感受民族文化，并在阈限期的狂欢中逐渐形成心理认同。

（一）仪式表演：仪式信息的交流与共享

传播作为一种社会实践，从来没有也不可能脱离身体，无论是自然的、文化的还是技术的身体。[①] 跳丧仪式的现场传播正是借助身体这一媒介来完成的。在土家跳丧仪式的现场，最直接和最直白的接触、感受并将跳丧信息传达出的方式就是身体展演，展演的身体会成为独具冲击性的视觉消费符号，成为传播信息的媒介和载体。一部分仪式现场的参与者如掌鼓师和舞者，通过唱跳的方式亲身感知仪式信息，另一部分参与者也就是观众，通过观看身体的展演和表达获取了仪式信息，双方在仪式现场通过身体展演进行仪式信息的交流和共享。在这一过程中，身体的展演隐蔽地形成了传播的强大动力，完成了仪式信息表述、交流、沟通和传播的目的。

跳丧仪式现场传播的方式非常简单，传受关系也十分清晰。传受关系主要分为信息的表达者——掌鼓师、舞者和信息的接受者——观众。现场仪式信息的传达和传播就是通过身体展演完成的，具体而言，掌鼓师和舞者通过身体的唱跳进行信息的表达，观众通过观看掌鼓师和舞者的表演完成信息的获取和接收。在跳丧场上，掌鼓师负责打鼓和唱歌来把控节奏，掌鼓师不仅需要打鼓，还需要领唱，把控场上的节奏和氛围，也就是说，仪式现场的掌鼓师担任着鼓师、歌者、指挥者等多重身份和角色，是非常重要的信息表达方。除了掌鼓师之外，舞者也是通过身体展演向观众传达着仪式信息，场上的舞者负责唱跳，在跟着掌鼓师唱的同时，更重要的是规范标准地跳好丧舞。丧舞作为跳丧仪式非常重

---

① 孙玮．交流者的身体：传播与在场——意识主体、身体-主体、智能主体的演变[J]．国际新闻界，2018(12)：83-103．

要的构成部分和土家民族文化价值观的重要体现，蕴含着非常多的文化信息，所以，舞者的身体展演和表达也是仪式现场信息传递传播的重要手段。当然仪式现场信息的接受者——观众必定也是必不可少的存在，观众在观看掌鼓师和舞者表演的过程中获取了相关的仪式信息，当观众想参与仪式展演时可以和舞者互换角色。如在跳丧的现场经常会看到有观众唱到“我来换我来换，我换歌师（舞者）旁边歇”，这是观众想要上场亲身参与跳丧的表现，这一过程的完成实现了现场仪式信息传者和受者的交换，观众从信息的接收者和消费者变成了信息的生产者，而被观众替换下场的舞者就从信息的生产者变成了信息的接收者，这种灵活的信息生产和传播模式成为土家族民共享仪式信息的基础。

可见，在土家跳丧仪式的现场，信息的生产者和消费者通过身体的展演来进行信息的共享和交流。掌鼓师和舞者借助打鼓、唱歌、跳舞进行身体表达和交流，观众给予回应，双方通过身体的动作和展现传达着仪式的文化信息，并在彼此之间形成一种较为隐形的交流。在这份隐形交流中，掌鼓师和舞者作为信息的生产者和传播者，用身体表达和传播出仪式的内涵、规范及蕴含的独特民族文化，其语言和肢体动作潜在告诉观众这是跳丧“撒叶儿嗬”的唱词和舞蹈动作，唱词的内容和舞蹈标准动作是什么，为什么唱词中的内容和舞蹈中的动作是这样的，其与民族文化有什么关联等信息，而观众在观赏中进行参与和感受，充当信息接受者和消费者的角色。一方在传达仪式信息，一方在获取信息，两方都在仪式现场的传播中了解跳丧仪式的唱词和舞蹈，获取仪式背后的历史和内涵，感知仪式所蕴含和反映出的民族文化（见图 3-1）。这种双向互动的传播模式让仪式现场的参与者通过身体展演不断地获取仪式信息并进行文化信息

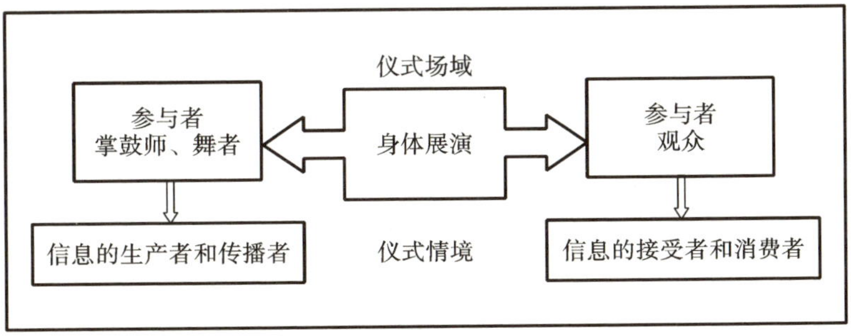

图 3-1 土家跳丧现场信息传播

的交流和共享。

（二）仪式情境：民族文化的心理认同

狭义层面的传播情境包括具体传播活动进行的空间场景，如时间、地点等，而广义上的传播情境，还包括传播行为参与主体所处的集体、组织、规范、制度、文化等宏观的社会背景。总的来说，对特定传播行为产生直接或间接影响的外部事物、条件因素可一并统称为传播情境。

跳丧仪式历经3000多年的时间洗礼，依然鲜活地存在于土家民间，已然成为土家族历史文化的“活化石”，于风雨中见证着这片土地千百年来的沧桑变幻。跳丧是一种文化事象，同时也是一种仪式化传播。作为前者，它的生成与发展离不开特定的社会土壤；作为后者，仪式传播的每一个环节同样受到情境的影响。拉斯韦尔、布雷多克等多位学者都从传播的普遍规律出发，总结并认识到情境对于传播的重要性，他们还一致认为情境主要由客观环境和主观个人两种因素构成，这一规律具有普适价值，同样也适用于跳丧仪式传播，因此传播情境可以划分为两个维度。客观环境对应的是土家族地区天然形成的物质背景，其中自然地貌对跳丧的传播范围和发展模式产生了重要影响，应该首先纳入考量范畴；结合跳丧仪式的传播内容及其文化内涵发现，植根于土家人内心深处的文化信仰和精神风貌，是对跳丧仪式传播情境中主观因素的反映，它与外在环境相互作用，交织形成具有完整性和同一性的传播情境，使得土家跳丧在多重力量的推动下呈现出不同的传播形态。

人类自诞生起就展开了与自然的长久斗争，从一开始对自然的敬畏崇拜，到试图改造征服，再到最后谋求协调发展，人类与自然的相处方式也在无数次实践中寻找到最优解。从本质上来说，人类其实就是自然的产物，其存在和发展都不可避免地受到自然环境的制约，人类的一切活动也都是在特定环境中进行，并与之发生交互关联。关于自然环境对于文化的影响，文化地理学的研究者对此不乏溢美之词，许多经典作家也对该问题有过精辟论述，如马克思曾在论及古代亚细亚和日耳曼不同的原始公社关系时就指出，气候和土壤性质的不同导致各自的土壤开发方式有所差异，连带着同周邻部落关系的变化，进而引发历史事件的变动。自然环境可以决定一个民族的生产方式、生活方式，甚至可以形塑民族性格、思维特征或审美取向，因此要想探究跳丧仪式的生成机制，必然不能忽视对其自然环境的考察。

自然环境又可以进一步细分为地理位置、气候、地形地貌、动植物生态等具体指标，这里主要选取对跳丧仪式演变发展影响最为显著的两个因素：地理位置与地貌特征，它们直接作用于土家族的文化形态，使之形成了独具一格却也在兼收并蓄中焕发出别样风采的跳丧文化。首先从地理位置上来看，土家族主要分布在我国湘鄂渝黔交界地区，这里正处于国家版图的中心，除了西部同少数民族相交外，该地区另外三面均与汉族地区接壤；此外，作为古代水运要道的长江从其北部区域穿过，并与当地的清江、酉水、乌江等溪流联通，客观上为土家族同外界交流提供了条件与可能。毗邻中原再加上水系发达，得天独厚的地理优势对土家族的文化发展产生了相应的影响，这首先就体现在汉文化的流入。土家族聚居地因其地理上和中原直接相连，而一般位置相邻的文化区最容易发生文化流动，尤其像汉族文化这种具有高势能特征的文化，更容易借助自身优势向文化相对薄弱的地区自然输入，因此，从汉族地区发出的文化信息不仅能较快到达土家族地区，而且在整个文化传递的过程中也免去了其他不确定要素的干扰，从而保留了信息的原始形态。其次，由于土家族地区是连通西南与中原的必经要道，西南少数民族如果要想同中原发生联系，就必须途径土家族地区，一开始可能并非出于本意的出没和流动，却因为频率的加强逐步进化为主动的商贸往来或文化交流。

跳丧仪式的现场传播不仅为参与者提供了一个真实可见的活动场所，还为其创设了特定的仪式情境，仪式现场通过特定的场所、人群、器具符号，以共同的情景体验和表达构成特定的仪式传播情境，是一个特定的文化场域。现场的参与者沉浸在仪式创设的情境中，并在仪式情境中形成集体无意识的心理超脱和阈限期的心里狂欢，进而感受和认可仪式情境中凸显出的共同的民族文化。一般来说，人们对待死亡和祭祀仪式都是严肃及恐惧的，但土家族用欢快喜庆的气氛跳丧，这些独特的仪式和主题体现了土家族独特的生死观、民族价值观。这种独特是仪式情境形成的基础，也是民族文化得以传播和认同的助力武器。

跳丧仪式的现场显现出一派喜气洋洋的氛围，人们笑容满面，相互嬉闹，丝毫未见悲伤的情绪。土家人以高度的热情和饱满的情绪来完成仪式的展演，他们时而冲拳踢腿，时而面对微笑，时而挽臂环抱，如痴如醉，完全沉浸在仪式情境的狂欢之中。在仪式现场提供的这个情境内，参与者可以暂时忘记一切，只做那个"其歌必狂、其舞必欢"的人，沉浸在歌舞营造的特殊的仪式氛围中，体验超脱生命与世俗的心理境界。仪式还会引起人们感官的触动、情感的共鸣和心理上的认同。与此同时，仪式中的各种规定动作、语言表达等规则能够起到对参与者进行规定和统一的作用，参与者在群体会自觉进行规范化、仪式化的群体活动，从而产生自己是群体中一员的认识，并激发对群体和民族的共同心理意识。涂尔干提出，"仪式是集合群体中产生行为的方式，必定要激发、维持、重塑群体的某些心理状态。"①跳丧仪式现场的参与者进入到仪式情境中，其身体的共同表达会约束他们的行为，调节他们的思想和意志，仪式背后所蕴含的民族文化价值指向能够通过这一过程在族民心理意识中得到强化。

特纳指出，在仪式情境中，仪式的参与者往往会经历仪式阈限期的三个阶段，即"结构—反结构—结构"的过渡过程。在这一过程中，阈限是通过仪式过程中不平等的暂时消除来重新构造和强化社会地位差异结构。此情境下，社会是一个没有组织结构或者组织结构不明显，而且彼此几乎没有区别的社群或社区，或者由地位平等的人们组成的共同体，在这一共同体中，大家全都服从于那些仪式长老的普遍权威。② 仪式结束之后，这种没有差异的关系被打破，人们又回到了日常的土家社会生活中，这就回到了"结构"阶段。此时，他们的日常生活已经经过了仪式的洗礼，因被附加了一种"仪式的意义"，而不完全等同于仪式阈限期之前的平凡生活，人们在非仪式时期和非仪式现场仍然可以感知仪式蕴涵的民族文化精髓与内涵。

跳丧仪式的参与者都是土家人，在跳丧仪式创设的情境中，他们没有地位、经济的区别，也没有任何身份标志，唯一相同的是他们都是土家人，都是这场仪

---

① 爱弥尔·涂尔干. 宗教生活的基本形式[M]. 渠东，汲喆，译. 上海：上海人民出版社，1999.

② 维克多·特纳. 仪式过程——结构与反结构[M]. 黄剑波，柳博赟，译. 北京：中国人民大学出版社，2006.

式的参与者，他们之间会形成平等亲密的关系，世俗的级别之分暂时消失了。弗洛伊德认为，一个偶合人群的各个成员能够形成心理学意义上的群体存在，这个人群中的个体必须拥有共同的活动范围、兴趣爱好、情绪倾向等，联结成一个心理群体。土家跳丧仪式的现场传播使得参与者通过身体展演传播和交流仪式信息，在民族仪式的一次次现场展演和积淀中，形成通过“共同的活动场所、共同的氛围、共同的情绪”建构而成的“共享的”群体心理。在这种共同的心理作用下，人们在跳丧仪式的狂欢和表达交流中感受超凡的世界，内心被仪式氛围所同化和召唤，超脱自我，达到一种全新的状态。由此，在跳丧仪式的超凡世界中就形成了一种全新的关系，这便是特纳所说的阈限期的“反结构”阶段。在这种“反结构”的作用力下，人们经由仪式而获得的集体心理在仪式结束之后，依然会出现在仪式他们的思维和日常生活中，从而逐渐积淀成深厚的民族心理和文化。

二、社会空间传播：信息的传递和文化的表达

跳丧仪式能够历经时代的变迁，至今仍流传于土家族的山寨之中，除了仪式现场的群体传播，还与跳丧仪式在社会空间内的传播和传承有密切关系。从信息传播的角度而言，跳丧仪式的现场传播具有一定的条件要求和时空限制，仪式并不能时时刻刻通过现场展演来进行信息的表达和扩散，但仪式在社会空间内的传播是一种不自觉的、无意识的行为。在今天的土家山寨，跳丧仪式并非每天举行，但跳丧仪式的信息社会化扩散却早已形成常态。随着岁月的沁染，跳丧的习俗和文化精髓，已经镶嵌于土家人日常生活的习惯之中。如果说，跳丧现场是一场轰轰烈烈的有形的仪式，那么，在土家社会空间内跳丧信息的社会化传播，则更像一场无形的、没有特定时间地点、却从未间断的仪式。它已经深入到土家山寨的文化经脉之中，深入到土家人的骨髓之中，演变为一种惯常的仪式，在人们的一言一行、一颦一笑间潜移默化地传播、演进和发展。

（一）跳丧在社会空间内的传播方式

跳丧仪式在社会空间内的传播主要通过村落自然传播和家族式传承这两种方式进行。村落自然传播是指村民没有经过特意拜师学艺而是通过日常生活中的耳濡目染，逐渐习得跳丧仪式技巧，然后参与跳丧仪式。这是跳丧仪式传承至今的主要途径，也体现了土家族对民族仪式的重视和保存。跳丧仪式在传承中很少存在明显的师徒关系，更多的是以村落为单位进行自然传播。一般来说，一个村落中都会有比较突出的跳丧代表个人和群体。这些代表个人和群体对跳丧在村落中的自然传播发挥了重要作用，因为他们是跳丧风俗得以形成和延续的主要力量。尽管关于跳丧的起源至今还没有确定的说法，得到更多认可的表述是跳丧起源于“军前舞”，然后被士兵们带入村落中进行模仿和延续，每当村中有长者去世就以歌舞的方式欢送，村中的人甚至其他村落的人都认可了这样的方式并加入载歌载舞欢送亡者的队伍中，久而久之，“军前舞”经过村落中的人际传播演变成现今的土家跳丧，并被传承下来。无论跳丧是否真的起源于“军前舞”，村民跳丧的风俗是真实存在过的，土家跳丧的习俗能从生产力低下的原始村落传承至今，跟土家山寨特有的、浓厚的跳丧风气密不可分。所以这种跳丧的风俗一直保留和传承下来，形成了跳丧仪式的村落自然传播。正如一位访谈者所说：“我们从小就在跳这个了，小时候就经常看见大人跳，然后自己也在葬礼上跟着跳，学得差不多之后，我们在悬崖底下放牛的时候就会自己慢慢练习，后面慢慢地就会了。会了之后在每次的丧礼上我们就会跳很久。有时候在村里有人想学，我们会跳的人也会教他们”。

在早期，不会跳丧的男子是会被村民们嘲笑的，所以，在土家山寨，男孩子从小就开始有意识地学习跳丧。土家族的男子人人皆是跳丧的好手，但跳丧技艺的传承却没有专门的传授体系，而是靠个人“自学成才”。所以，每逢有众里相亲举行跳丧仪式，那些不会跳丧的男孩都会“混进”跳丧人群里，壮着胆子和老一辈学习。但因跳丧时人数众多，年轻人能上场的机会十分有限，加之年轻人的动作生疏，常常会遭到周围人的“嘲笑”，所以，光靠正式跳丧时学习跳丧技艺是远远不够的。因此，很多人都是靠平日里偷偷“勤学苦练”。虽然土家跳丧的时间有明确的禁忌，除了老人过世可以跳丧，其余时间是不允许跳丧的，因而民间一直流传着“平时跳丧，家破人亡”的说法。但那些一心想学习跳丧的年轻人，往往敢于突破障碍，私底下偷偷跳，或是傍晚跑到田埂里，趁着夜色学习。此外，还有不少喜欢跳丧的长者，也会“按耐”不住对跳丧的喜爱，加入在田间地里偷偷学习的行列之中。至今，不少土家族的长者，依然对当年这种有些许叛逆异味的“田间练舞”经历津津乐道。这种发自内心的喜爱，足以表明跳丧在土家村落和土家人心中曾经占据的重要位置。也正是这种土家山民发自内心的自我学习和传承，使得跳丧习俗得以在更广泛的社会空间内进行传播和扩散。

跳丧虽然没有明确的师徒传承模式，却也存在着家族式传承的传播方式。跳丧的家族式传播指的是家里的长者将跳丧技艺传授给子孙后代，通过家族式的传播，将跳丧仪式的风俗习惯代代传承。如湖北长阳县火烧坪乡的谭氏四兄弟学习跳丧的经历，在当地曾经成为一段佳话。谭氏四兄弟的父亲谭老爹非常喜欢跳丧，且跳丧技艺高超。随着年龄逐渐增长，谭老爹开始担心自己的一身技艺失传，于是迫切希望将自己的跳丧技艺传授给自己的孩子们，希望他们将其继续传承下去。从那以后，谭老爹一有机会，便会教四个孩子学习跳丧，比如在水沟边拿着木棍教孩子们打节拍，在丧鼓场上实打实地教孩子唱丧歌、跳丧舞等。经过谭老爹的精心“培养”，谭家四兄弟最终没有辜负谭老爹的殷切希望，个个都成了跳丧的好手。从我们的田野调查中得知，在土家村落里，像谭老爹和谭氏兄弟这样的传承者大有人在，他们自己擅长跳丧，且害怕这一古老的民族仪式失传，所以亲力亲为、不遗余力地教自家孩子学习跳丧。如一位受访者提到：“我们家四代都会跳丧，因为家里人会教，我的父亲是跟着我的爷爷学的，而我就是跟着我的父亲学的，因为在家的话只能唱不能跳，我们就会围着火炉学唱。到了有人去世需要跳丧的时候，父亲就会带我们一起去丧家，我们就会在边上跟着跳，一来二去就学会了。”

相较于跳丧仪式在村落中的自然传播，家族式的传播方式并不是跳丧习俗传承的主要途径，但这一传播方式的产生是土家跳丧文化在新的时代发展背景下自我续存的体现。面对着因时代和经济的发展而导致的跳丧习俗传承氛围和意识的淡化，家族式的跳丧技艺传播与其说是长者对晚辈的信息传授，不如说是跳丧仪式的一种“自救”。它通过薪火相传的方式，让跳丧习俗不至于快速地被现代化和商品化带来的文化融合大潮所淹没。

总体而言，跳丧在土家社会空间的传播主要以村落和家庭为基本单位，文化精英和家族长辈自发地向年轻一代传授技艺，并用相对固定的音调和程式来保障跳丧不会失真变形。从传播学角度上来说，信息在仪式外的社会空间呈网状式传播，土家山村经由跳丧文化信息的扩散蔓延联结形成一个共同的文化社区，在这个社区中，作为信息传授者的族民们，拥有统一的民族身份，并遵循一致的文化规范，他们通过身体力行将跳丧传播至更远的社会空间。

（二）社会空间内的符号传播：文化意义的表达

跳丧仪式通过村落自然传播和家族式传承两种方式在社会空间内进行传播，其中仪式的相关符号在社会空间中的传播起到了不小的作用，给信息接收者留下深刻印象的同时也进行了民族文化意义的表达。符号是仪式中特定象征意义的表达，在人类生活中，很多精神内容依靠仪式中的符号就可以传播开来，并进行文化内涵的输出和凸显。因为带有特定象征意义的仪式符号蕴含着一定的文化内涵，仪式中的符号通过象征意义的表达传播文化内涵，又在符号意义的不断强调和深化中加深人们对文化内涵的认识和认同。比如中秋节赏月，每到中秋节月亮总会又大又圆，这虽然是天象原因，但这又大又圆的月亮确实也被人们寄予了中秋团圆、幸福美满的美好愿望，自然而然，月亮在中秋节就具有了特别的象征意义。因此，人们借助月亮这一具有特定象征意义的符号加深了对中秋文化的认识，进而提升了对中华民族文化的认识和认同。再如端午节的粽子、龙舟，元宵节的烟花、汤圆，这些元素都被视作特定节日的象征符号，被人类赋予了特殊的意义。日常的月亮很少让人们产生联想，日常的划龙舟也很常见，但是人们在中秋看到月亮时，一定能想到团圆和谐的美好中华民族文化，在端午看到划龙舟时，也会想到有关屈原的中华民族故事。月亮、龙舟并不是出现就具有了意义，也并不是无时无刻都具有意义，但它们在一些仪式或节日中因被赋予了特定的象征意义，也便促进了人们对意义背后蕴涵的文化的理解和认同。因此在仪式和节日中，符号元素不是最重要的，赋予这些元素特定的含义并形成象征符号、表达出它们所承载的意义、发挥出它们促进文化认同的作用，才是仪式和节日最好的传播效果。

土家跳丧仪式中有很多被赋予象征意义的传播符号，虽然这些符号的表现形态和蕴含意义并不一致，但在社会空间中，传播的跳丧仪式符号都有一个共同的作用——通过符号的象征意义来进行民族文化的表达，突出民族文化内涵，进一步提升族民对民族文化的了解和认同。在社会空间内的符号传播中，最具典型的文化就是仪式中的图腾符号所表达出的白虎崇拜的民族文化。土家跳丧仪式中有蕴含深刻、意义丰富的图腾文化，其中“白虎”就是跳丧仪式中非常重要的图腾符号。土家人视白虎为不可战胜之圣物，白虎乃力量和勇猛的象征。跳丧仪式中有很多对“白虎”符号的刻画，如跳丧的道具使用常和白虎有关，人们跳丧时穿着印有虎纹的服装，把脸化成白虎的模样等。更为突出的是，跳丧唱词和动作中对白虎的模仿。这些模仿和强调正是对白虎这一图腾符号的意义转化。白虎是勇敢与威猛的化身，也是土家族民尊敬和信奉的神灵祖先，所以跳丧仪式中借助白虎的元素，除了表达对白虎的尊敬和信奉之外，更重要的是将白虎的形象突出化，传达出土家祖先和族民的勇敢、健硕以及希望土家后代都能坚持勇敢无畏的美好愿望。白虎在跳丧仪式中被赋予了象征意义，并且这种象征意义在社会空间传播中不断被凸显、传播甚至内化，传达出了土家族非常典型的白虎崇拜的民族文化。土家人对社会空间传播中的仪式符号及其内涵有了更深的印象和了解，当他们看到或者听到与白虎相关的仪式符号时，往往容易联想到背后的象征意义——土家族的勇敢健硕，以及背后的文化内涵——白虎崇拜的民族文化。这从受访者的话中就能体会到：“‘撒叶儿嗬’的舞蹈动作很有讲究，一般的人真的跳得没那么标准，这些动作可不是瞎做的也不是随便来的，很多舞蹈动作是祖先狩猎生活场景的再现，对白虎的模仿跟我们民族的白虎崇拜文化有关，白虎可是我们的祖先神灵，‘撒叶儿嗬’中对白虎的模仿和崇拜，除了向后代和村民传达勇猛无畏的民族精神，还加深了我们对白虎崇拜等民族文化的理解和认同。”

传播重视的是信息，人与人之间的社会互动行为的介质不单单是意义，也不单单是符号，而是作为意义与符号、精神内容与物质载体之统一体的信息。[①]跳丧仪式中借助的图腾、器具和服饰都是将其作为意义与符号、精神内容与物质载体的统一体来传达意义、传播信息，并在信息的传播显示中展现出民族文化和主流价值。文化是一个民族的灵魂，主流价值是一个民族的思想导向，而跳丧仪式本质上是一种文化实践活动，仪式中的器具服饰等文化符号通过意义传播对跳丧背后的民族文化进行了暗示表达和集中体现。在跳丧仪式展演的场域中，一系列的文化符号被编码、解码和再编码，使符号自身的意义和蕴含的文化价值体现出来并进入到民众的内心体验之中。在这一过程中，民族文化象征符号不断地被提及、重现和塑造，民众的心弦不断地被弹拨，关于符号意义和文化内涵的记忆不断被强化，逐渐滋生出对民族文化和主流价值的心理归属感，提升对民族文化认同的意识。

① 郭庆光. 传播学教程[M]. 北京：中国人民大学出版社，1999.

第四章

仪式互动与民族文化认同

一、仪式链与仪式互动

仪式与人类社会相伴相生，因其具有经验的直观性，成为观察人类文化、情感、经验以及意义的工具，也自然而然地成为人类学家解读社会文化的动态文本。从一种现象到一个专门术语，再到一个经典命题，仪式在过去一百多年时间里经由人类学的演绎变得愈发鲜明而生动，逐渐褪去世俗的外壳，显露出其研究的理论价值。

（一）仪式“结构-功能”主义

究其基点，仪式研究的传统源于宗教文化。19 世纪，“仪式”作为独立的专业术语出现，并被定义为人类经验分类范畴上的一个概念，最初所指就是将欧洲的文化、宗教同其他宗教文化进行对比分析。通过对仪式研究取向的源流梳理，不难发现早期的人类学仪式研究主要集中于神话和宗教范畴，代表学者如泰勒、斯宾塞、史密斯和弗雷泽等，他们撰就了大量关于神话仪式的著述，在古典进化论和神话研究交叠的“异文化”框架下，合力推动神话仪式研究迎来空前热潮。19 世纪末到 20 世纪初是神话仪式研究的黄金时期，而彼时一座凌空架起的桥梁却打破固局，开辟了一条新的研究路径。与过去纯粹的宗教学研究不同，以涂尔干和莫斯为代表的学者将仪式同社会结构搭连，把具备明确喻指的仪式看作一种社会实践行为，通过考察仪式在社会结构中的位置及作用，揭示仪式的社会功能和现实意义。由此仪式从宗教学的神坛下落，研究重心也从浪漫瑰丽的神话原型转移至复杂而系统的社会结构。新理论视角的切入不仅提供了一个颇具新鲜特色的研究范式,也直接促成了仪式经由宗教社会学再到社会人类学的转向过渡,这种基于"结构-功能"主义体系的研究取向正是互动仪式理论的逻辑原点。

20 世纪初期,涂尔干在著作《宗教生活的基本形式》中对宗教这一社会现象及其性质进行了系统深入的分析,他将宗教划分为仪式和信仰两个基本概念,认为宗教是由信仰和仪式组成的统一体系,宗教生活的特点就在于它预设并创造出了一种能量,借助这股力量个体能够超越自身,突破世俗社会的门槛进入到一个更高级更神圣的世界当中,涂尔干还进一步指出这种自成一类的力量并不是虚幻的,而是人类社会特有且普遍存在的现象,即集体力和社会凝聚力的化身,因此从本质上来说宗教是社会性的,宗教就是集体道德感的体现①,所谓的宗教崇拜其实就是对社会情感以及社会力量的崇拜。在此基础上,涂尔干把仪式定义为链接社会结构与集体观念的节点,仪式让群体聚集在一起,并把目光集中在一个可以寄托情感的对象上,从而生产出群体特有的符号。在这一过程中,仪式被认为是社会组织本身的集体投射方式,也是对于宏观社会结构的反映。涂尔干对于宗教仪式的研究为后来的仪式相关研究提供了一个新的思路,也由此衍生出了包括符号人类学和结构主义的系列学说分支。

另一位理论奠基人——马林诺夫斯基则是从具体个案入手,他通过对特罗布里恩群岛的深入田野调查,以部落内部特殊的交换现象为例证,提出了著名的库拉圈交换理论。"库拉圈"的存在证明利益最大化并不一定是交换的首要考虑,土著愿意承担风险而交换本不具备实质价值的物品,在外人看来这种不可思议的行为能够长久进行下去,其背后牵引的是包括人际信任、巫术信仰、社会责任等在内的超个体力量。从"库拉圈"向外推展,马林诺夫斯基还进一步指出,所有文化的本质其实就是满足社会需求的一组工具,不同文化要素环环相扣,为维护整体稳定而保持有效运作。"库拉"不单只是诸部落间的交换形式,也是一场大型的互动仪式,它把个体串联到巨大的社会关系网中,在仪式隐含

---

① 爱弥尔·涂尔干. 宗教生活的基本形式[M]. 渠东,汲喆,译. 上海:上海人民出版社,2006.

的互惠逻辑作用下，促进关系网络的可持续性发展，从而有效维护社会结构的稳定。

涂尔干和马林诺夫斯基分别代表了法国社会学和英国功能学派，他们主要从结构-功能角度对仪式的社会意义进行了探讨研究。此外还有莫斯的礼物交换理论，也是从宏观层面认可了仪式对社会团结的维系作用，这一学术传统得到后续许多研究学者的继承和发展，其中戈夫曼对涂尔干关于仪式的定义做了创造性发展，不同于后者的研究聚焦于宗教仪式，戈夫曼把关注重心转至日常的、世俗的生活仪式，在个体间的微观互动情境中探索仪式的作用功能。他在研究中提出了“互动仪式”这一新概念，并将其定义为一种表达意义性的程序化的活动，戈夫曼注意到日常生活中诸如“你好”“再见”等会话用语其实就是一种口头仪式，人们借助形式化的交流有针对性地建立或是修复彼此间的关系，例如“你好”通常意味着建立新关系的主动倾向，是际遇开始的标志。不仅是语言，行为在互动过程中同样也扮演着重要角色，会根据情境的不同变换呈现形态。戈夫曼把这种适应性调整比作舞台上的戏剧表演，个体为了塑造期望的台前形象，会在互动过程中利用符号道具辅助表演以达到良好的印象效果。而无论是精妙的表演策略还是投入式的情感回馈，都是互动的仪式性体现，在双方即时共有的现实体验里，互动承载不同的意义符号作用于关系构成，再从微小的个体延伸至群体网络，进而对群体生活和群体团结产生深刻影响。

（二）互动仪式链

美国社会学家柯林斯在戈夫曼的研究基础上，进一步拓展并完善了互动仪式的理论框架。在他看来，包括涂尔干在内的先驱者都只强调了仪式的社会功能，却并未系统阐释仪式的作用机制。针对该问题，柯林斯在其著作《互动仪式链》中进行了深刻剖析，他首先强调社会是由不断变化的微观情境组成的，情境分析是一切社会分析的起点，其中互动仪式分析占据核心地位。所谓互动仪式链是不同互动仪式通过不断接触发展并以复杂形式结合的产物，其延续依赖于主体间情感能量和报酬的加强。柯林斯还进一步指出，互动仪式的核心机制是相互关注和情感连带[①]，相互关注以身体在场为前提，互动主体通过身体的协调一致，将高度的互为主体性和情感连带相结合，从而形成与认知符号相关联的成员身份感。在整个互动仪式过程中，情感能量既是个体参与的内在驱动力，也是互动的基本要素和仪式结果。由此柯林斯还引申出了另一重要概念——“互动仪式市场”，并结合特定情境下的人类行为惯性提出了一套动机模型，分析指出个体会根据自身拥有的差异化市场资源选择性地参与不同的互动仪式，但出于获取高额回报的一致目的，那些能提供高收益的互动往往会得到多数人的青睐，个体便通过这种类似市场交易的理性行为实现符号资本和情感能量的置换，在每一次互动中积累的资源和能量又将跟随互动者转移至下一个新的情境，如此循环往复，互动仪式链便得以链接形成。

关于互动仪式链的构成要素及运行机制会在后面具体阐述，这里主要是对互动仪式理论的发展脉络进行大致梳理。可以看出，从宗教到日常、从宏观到微观，研究对象和研究层次均发生了变化，但研究宗旨却如出一辙，即关注仪式对于个人及社会的功能作用，互动视角的切入则进一步凸显出仪式的现实意义。而研究中高频出现的三变量——客观存在现象、个体行为逻辑、群体结构网络，彼此牵连、相互反映，动态交织出互动仪式的行进过程和影响路径，也成为后来相关应用研究普遍遵守的分析定律。

柯林斯在其代表著作中反复强调互动仪式链是关于情境的理论，而宏观的社会现象是由无数微观情境所组成的，因此在认识宏观结构之前需要先厘清微观情境之间的关联机制，互动仪式链就体现为不同情境所形成的链条关系。互动仪式作为人类最基本的活动单位，广泛地存在于日常生活中，这种小范围的即时性互动能够通过行动和场景的建构激发能动的社会动力。为了能更清晰地展示其中的动力机制，柯林斯建构了一套完整的互动仪式链模型，根据他的观点，互动仪式是一个过程，由因果关系链接且具备特殊的反馈循环机制，参与者在整个仪式过程中拥有共同的关注焦点，可以感受到彼此身体的微观节奏与情感传递。[②] 具体而言，互动仪式的发生需要具备以下要素：两个或以上的人身

① 兰德尔·柯林斯. 互动仪式链[M]. 林聚任，王鹏，宋丽君，译. 北京：商务印书馆，2009.

② 兰德尔·柯林斯. 互动仪式链[M]. 林聚任，王鹏，宋丽君，译. 北京：商务印书馆，2009.

体共同在场；对局外人设立界限；参与者将注意力投射在同一对象或活动上，并通过交流获知对方的关注焦点；分享共同的情绪或情感体验。这些要素彼此关联，在递进式的综合反应下催生出集体兴奋，促成互动仪式的成功，通常判断仪式成功与否还可以看它是否输出了如下体验：产生群体身份认同感，达成群体团结；个体获取行动时表现的积极情感能量；产生对群体符号的尊崇感；道德感生成，主动维护集体正义并对破坏群体团结的行为表示愤怒。当仪式参与者能真切地感受到上述体验时，即代表一个成功的互动仪式已经完成，而个体在该仪式中获得的情感能量以及置换更新的符号资源将被保存下来，再次转移至下一个新的互动场景，互动仪式链便在这种积累和延续中得以形成。

关于互动仪式的组成要素，柯林斯认为其中最重要的就是共同的关注焦点和情感连带，两者构成了互动仪式的核心机制。关注焦点是聚集群体且确保参与者共同在场的关键要素，焦点的形式虽不受限，但它必须具备同时吸引多人注意力的显著性特征。成功的仪式都会有一个明确且存在持久的关注焦点，参与者可以感知到它并且受其影响产生情绪波动，反之缺乏共同关注点则会失去建立集体兴奋的可能。集体兴奋不指代具体的情绪色彩，它更多的是指向某种状态或者氛围，是群体共同情感的浓缩，不管是宗教仪式还是日常的生活仪式，参与个体都能通过符号互动产生情感共鸣，进而达到群体情绪极化的效果，就像置身于一个无限放大的旋涡里，每个人都被情绪的激流裹挟其中，并不断受到来自四周同频率能量的叠加冲击，久而处之便会不自觉地被感染同化，然后积极加入情感分享的列队中。

（三）仪式在文化空间的互动

互动仪式链理论因为更多偏向于微观社会学，面对庞大复杂的社会问题缺乏足够的解释力，但这并不妨碍它在人类学、新闻传播学、心理学等相关研究领域的适用性，尤其是那些聚焦于微观情境中的个体互动行为研究，通过代入互动仪式链理论，可以清晰地分离出变量、抓住问题核心。截至目前，互动仪式链的相关应用研究主要分布在新闻传播学科，且近年来文献发表数量有明显攀升，与之相呼应的是研究对象选取的时新性，研究多数围绕网络文化传播以及新媒体平台现象展开，其中网络社交、视频传播、亚文化等关键词出现相对高频。对于互动仪式链理论在传播学研究中的应用，有学者指出这种跨学科式的理论补给不仅能提供新的思维方式，还能引导传播学逐渐回归以人为本的学科定位，从而为大势的新媒体研究强力增援(陈权，2012)。互动仪式链理论的应用成效也实在地反映在后续层出不穷的新研究中，有学者将微信平台视作虚拟的互动场景，探讨政务公众号和用户之间的互动机制，认为互动虽存在时间差，但双方的想法和意愿却通过文字符号固化在聊天界面里，互动并未因“在场”的错位中止或失败(朱颖、丁洁，2016)。结合社会化媒体的共性特征，有学者分析认为社会化媒体的发展重构了传播的仪式空间，使得仪式参与者能获取超越时空的关注，并得以共享情感能量(高丽华，2014)。具体来说，媒介技术的发展延伸了“身体在场”的定义范围，个体可以通过直播参与实时互动，进而在网络空间集聚产生情感连接(潘曙雅、张煜祺，2016)，而在分辟出来的无数空间网格里，亚文化群体也能轻松找到他们的理想国，群体内部的交流互动构成一条完整闭环式的互动仪式链，在某种意义上对社会的和谐发展有良性引导作用(吴迪、严三九，2016)。

麦克利兰曾说，人类最强烈的快乐来源于全身心地投入到同步进行的社会互动中，而仪式具有天然的互动性，它建构起共通的意义空间，让参与者首先聚集在一起形成际遇，接着就共同的关注焦点发表看法、进行讨论，然后在你来我往的互动反馈中进一步升华表达的热情，如此因果循环层层递进，从个体到群体，从分享到共享，成员之间形成的高度情感共鸣，连带着互动中产生的共享体验逐渐沉淀为对群体的认同感，从短期来看，仪式产出的情感能量可以鼓舞或压抑某些个体，而从长远来看，这种持续性累积的能量还能对群体产生一定的控制作用，例如群体团结、群体道德感，这些都是互动仪式的结果反映。

除了上述提及的代表性研究，近两年来媒介仪式案例研究增长显著，短视频、直播平台、表情包等时下热门话题备受研究者关注，而与之相对应的，传统仪式研究却显得相对“小众”，倒不是说互动仪式链在该领域的应用研究偏向冷门，不过是因为新兴媒介研究蔚然成风，加上互动仪式链即使在互联网情境中依然应用自如，人们的关注重心有所偏移，随之研究趋势的走向也相应发生转变。虽然近两年将互动仪式链理论与传统的实体仪式结合分析的研究较为少见，但在此之前仍不乏有一些典型的代表性研究，如罗辑、梁勤超（2016）就以黎平·中国侗族鼓楼文化艺术节为例，认为族群节庆从整体来看就是一个互动仪式，其内部包含着不同的仪式组成要素，各要素彼此作用互为因果，在不断的反馈循环过程中促成集体兴奋的达成。类似研究如严奕（2017）同样也是以民族节庆活动为研究对象，文章运用互动仪式链理论分析了广西壮族“三月三”节庆互动仪式的组成要素，认为民俗仪式在一定程度上有利于促进民众文化认同和民族团结。发表时间相对较近的研究如李夏婷（2018）选取恩施“女儿会”为研究个案，对土家族节日仪式的作用机制和存续动因进行了深入分析，并且就仪式信仰异化的问题困境提出了可能的解决措施。除此之外，其他涉及传统民族仪式的研究也大多聚焦于仪式所携带的文化内涵，通过互动仪式链的演绎，试图去揭示仪式对于民族情感凝聚、身份确认、文化认同等产生的功能作用，并且这其中很大一部分研究都是以民族节庆仪式为分析对象，重叠的聚焦重心反映了这一领域研究的主流趋势。

跳丧不仅作为土家族历史文化变迁的动态样本存在，其本身也是具有丰富意义所指的互动仪式，无论是传统祭礼还是现代化的娱乐商演，参与个体都在由仪式构成的微观情境里，在自我与他者的情感能量传递过程中，不自觉地强化着自己的文化认知和文化认同。对于跳丧仪式作用机制问题的思考能帮助我们厘清仪式内部不同要素之间的关系，也能从总结的规律中把握传统民俗仪式存续或消亡的动因，因此本书引入互动仪式链理论，聚焦于微观情境，对土家跳丧仪式进行分析解读，试图在结果与起源、动态与静态的辩证统一中完成对跳丧仪式互动要素和互动结果的深度解剖。

二、跳丧的仪式链要素

跳丧是土家族以歌舞形式呈现的独特丧葬礼俗。它是一种动态的文化，绵延千年依旧生命不息；它也是一种仪式，拥有特定的程式规范，打造跨时空的意义空间；同时它也是一种传播现象，内含丰富的传播要素，传达深层次的民族文化信仰。每一次仪式展演都构成了一场完整的信息交流和情感互动的过程，在仪式的召唤下，参与个体以聚集的形式进入特定的空间场景，在观看仪式表演、感知其本身传递的信息的同时，还自发地加入共同行动中，通过与他者进行有节奏的互动传递情感，实现彼此融合。因此从某种意义上来说，跳丧是一种具备互动特性的仪式传播现象，一方面，互动赋予传播以形式和意义，另一方面，不同传播要素的有机结合，又为互动的持续进行提供了可能。本节将从微观层面解析跳丧仪式传播的构成要素，探讨作为互动仪式的跳丧的形成条件。

（一）群体聚集：现实的身体在场

柯林斯认为，互动仪式的核心机制是相互关注和情感连带，仪式本质就是一个身体经历的过程，人们通过身体聚集前往同一个目的地，从而开启仪式进程。“没有亲身到场，就难以表示对群体的参与，也难以确定一个人的社群身份。”[①]“身体在场”为个体建立集体性的共享情感，以及确认并塑造自我身份提供了前提基础。

跳丧仪式的传播离不开特定的场所，它是承托整个仪式流程、统合所有符号资源的象征性意义空间，它的存在为群体聚集提供了可能，也为仪式互动的参与者们构建了一个现实的“身体共在”。仪式的身体在场通常需要借助特定的时空符号实现，只有完成对时间和空间的统一预设，仪式才能集结群体达成共同的“身体在场”。跳丧作为土家族的一种丧葬习俗，具有很强的时空特性，从时间上来看，跳丧是只有发生丧事时才能跳，非特殊时间跳不仅会遭到同族人的强烈谴责，而且会背负“平时跳丧，家破人亡”诅咒带来的心理压力。而在地理空间上，跳丧对场所的选取也颇有讲究，根据土家俗规要求，跳丧只能在孝家灵堂以及棺木前方进行，无视规定随心所欲地四处乱跳都是不允许的。跳丧对时空范围施以特定限制，其实就是在赋予仪式时间、地点等要素以特殊的意义和内涵，这些要素同时与土家社会生活存在密切关联，从而构成了跳丧对土家社会形态反映的叙事中介。

---

① 兰德尔·柯林斯.互动仪式链[M].林聚任，王鹏，宋丽君，译.北京：商务印书馆，2009.

传统跳丧对仪式空间场所的布置一般可分为以下步骤：在跳丧进行前，首先会在孝家的堂屋安置好灵位，灵位摆放在灵柩前。在灵柩左前方的地面上还会另竖立一面牛皮大鼓，待跳丧时，掌鼓师站在鼓后方手执鼓槌，随着他有节奏的两声鼓响，跳丧即正式开场。最先登场的是"歌师"，他们跳了几圈后接着会有第二对、第三对以及越来越多的人轮番上场，表演者把灵位前的空地逐渐填满，若是遇上大家兴致极高、舞者过多时，迫于堂屋空间有限，跳丧还会迁移至大门前的阶沿上进行，孝家也会采取相应措施如拆除活动壁板以扩大场地，但无论活动范围怎么扩大，跳丧依旧限定在灵位前方进行。

在以亡者灵位为中心搭建的仪式场域内，个体通过身体表演和共话家常的方式展开互动，因为是面对面的交流，不存在因时间差带来信息反馈的延滞，参与主体想要表达的想法、情绪都及时地传达给对方，并能在第一时间收到反馈。以舞者 A 为例，当他在丧鼓场上忘情起舞时，他可以即兴注入自己的当下感受，而一旁的观演者 B 除了能直观地欣赏 A 的舞姿外，还能对其进行点评、领悟舞蹈动作内涵，并获取与之相同的情感体验。看似只发生在现世和此刻的跳丧仪式，其实是对过去历史记忆的延续和对日常生活的浓缩，一个再简单不过的肢体动作实则是一代代族民重复过无数次的生活经验写照。在跳丧时，人们共处于同一情景之中，身体的物理在场使得参与个体可以进行直接的近距离交流，行动上也更容易达成协调一致。基于彼此共同的生活经历，人们以身体为媒介，通过动作演绎分享集体记忆，并在逐渐趋同的行动节奏里建立起情感连带，实现情感共鸣。

（二）仪式的"共同关注焦点"

柯林斯认为，人们能在短时间内迅速聚合，是因为有共同关注焦点的存在。跳丧从表演形式上来看集歌、舞、乐等艺术为一体，其中，唱词、舞蹈、鼓乐在丰富仪式表演形态的同时，也构成了参与者的关注焦点。这些缤纷多样的元素通过组合营造出一个信仰和文化共享的意义空间，为信息在仪式空间里的深层次抵达提供了传播路径。

唱丧歌是跳丧中必不可少的环节，也是参与跳丧的个体所必须具备的技能之一。对于初学者，首先要学会两种基本的歌本唱法：一种是正本歌词，即由前人创作并世代延传下来的传统歌词，这类歌词一般保存完好，内容相对固定，不会产生大的修改变动，代表作品如《土王出征》《梅山赶仗》等。另一种是水词，即经过艺人改编的歌词，这类歌词一般会随着时代变迁有所改动，因其形态如流水般变化不定，故有了水词这样一个民间俗称。水词大多数都由艺人即兴发挥完成，内容包括歌颂逝者品德以及宣扬孝家治丧心得等。现如今跳丧场上人们传唱的歌词多以正本为主，因为没有固定的手写本，这些歌词都靠历代艺人的口传心记才得以流传下来，除了传唱前人之作外，很多艺人还会在沿袭传统的基础上自行创作，从而源源不断地为土家跳丧文化注入新的时代血液。

土家跳丧是唱跳合一的，在充满节奏的鼓点声中，丧歌与丧舞彼此配合、相互辉映才是对跳丧的完整演绎。过去传统跳丧的舞者们动作身型偏显刚劲粗犷、古朴奔放，因为动作幅度大、难度高，通常需要消耗舞者大量体力才能把动作跳到位。后来改良版的舞蹈动作变得相对轻柔明快，动作幅度也大多不如从前。作为土家文化的结晶，这些经典的舞蹈动作在由跳丧改编的"巴山舞"中也都得到融合与保留。巴山舞是在20世纪80年代由民间舞蹈工作者覃发池创作而成，覃发池多年学习、采集跳丧的舞蹈元素，在继承传统的同时又进行了相应改编，使得巴山舞脱胎于跳丧却呈现出不同的表演效果。如"喜鹊登枝"一动作，因为需要舞者模仿出喜鹊轻盈登枝的灵动感，故在表演上刻意强化了戏剧效果，跳丧的丧葬气息已全然被表演的诙谐幽默所覆盖。

鼓在跳丧仪式传播过程中的地位十分重要。丧鼓不是每家的必备品，它作为集体共同财产通常交由专人保管，因此如果哪家有老人过世要置办丧事，都必须到保管者家中借用。借来的鼓如何摆放也有一定讲究，通常都会将其安置在灵柩左前方，用盆架起，然后交付给一名技艺高超的掌鼓师供其演奏。跳丧结束后，为了避免晦气的传染，丧鼓并不会及时返还给保管者，而是要在某一指定位置安放一段时间后才原路归还。按照土家习俗，每逢红白喜事，敲锣打鼓自是必不可少的环节，器乐已经成为土家民族节庆中的文化象征，人们赋予这些特定符号以某种意义，依靠它们相互交流并逐渐达成经验层面的共享和文化意义上的认同。以跳丧为例，人们敲锣打鼓是为了庆贺亡人走了"顺头路"，高亢激昂的器乐伴奏将人们的情绪和能量发挥到极致的同时，也承载着土家族对生命繁衍不息的美好愿望。在跳丧场上，人们忘我地沉浸在仪式营造的集体兴奋里，这时作为传统符号的“鼓”以及其他民族器乐，都超越了它们工具性的外在，逐渐变得抽象、神圣，并最终统一化作民族文化的感召力溢满整个仪式空间，包裹着每一个在场主体。

跳丧场上占据中心位置的表演者往往是人们关注的焦点，如果说唱词、舞蹈动作、伴乐是以动态形式呈现的传播符号，表演者的穿着打扮则构成了流动画面里相对静止的存在，在土家跳丧中，服饰道具同样也承载着丰富的意义内涵。传统跳丧，表演人员一般身着白色马褂，全套着装大概分为两种形式：一种是头缠白色包头巾，上着白色对襟便衣，下配青布便裤，脚踏青布便鞋；另一种是上着白色坎肩，下配深蓝色长便裤，其他配饰与前者无异。而现今尚存的民间跳丧，人们在穿着上已经不再有什么特别讲究，衣服搭配尽可随心所欲，不同于汉族对于出席葬礼必须身着黑色或深色衣服的规定，土家跳丧对着装颜色也并无限制。从一开始有特定着装到后来可以自由搭配，民间跳丧在着装上呈现出简化趋势。但是对于那些长期活跃在舞台上的跳丧班子来说，良好视觉效果的呈现，离不开对服饰和造型的必要包装，在服装颜色选取上，他们多偏爱以红黄色为主调的鲜艳底色，样式方面一般是传统的襟衣配宽腿裤，与其他演出服饰无异。对比商业化跳丧，广场上的大众娱乐化跳丧对服装要求则更为随意，无特殊情况，表演者一般都是身着日常服饰，在相对随性舒适的状态里跃动舞蹈。跳丧服饰随着时代变迁呈现出不同的特征，从整体来看服饰元素在不断简化，其风格也趋向于日常化和随意化，这种变化同时说明了土家民族文化逐渐从凝重变得简约、从深刻转向浅白，仪式的神圣性开始受到现实解构，其呈现出来的生活气息和世俗特性愈发显露。

（三）集体兴奋：共享的情感状态

情感既是互动仪式的核心组成要素，也是互动仪式的产出结果，在跳丧仪式传播过程中，情感因素的体现尤为显著。前文已对土家人特殊的生死观有所提及，因为相信生死有轮回，肉身虽陨灵魂不灭，在这种生命哲学的长期熏陶下，土家人并不把死亡看得过于严重，自然死亡非但不是哀事，反而是应该庆贺的喜事。因此土家族为亡者举行的丧礼呈现出与世俗截然不同的仪式氛围，人们歌舞不歇彻夜不眠，众人一并沉浸在由歌舞营造的狂欢氛围里，并逐步达成一种集体兴奋的情感状态。

在土家跳丧中，几乎看不到死亡给人们施加的痛苦和悲伤情绪，从仪式开始到结束，所有人都笑容满面，甚至还会在歌舞表演间隙嬉戏打闹，而伴随仪式氛围渐入高潮，在场主体似乎受到某种魔力的感染，忘乎所以近乎癫狂，这种奇异的景象即预示着仪式进入到阈限阶段。跳丧仪式的参与主体都是土家村民，他们祖祖辈辈都生活在同一片土地上，在平时的日常生活里，他们有相对独立的身份标签，各自的职业、社会地位也存在差异，而在跳丧场上，世俗的等级差异全部消失或被彼此同化，所有人没有地位、没有标签、没有等级，无差别的平等使得在场主体间形成一种前所未有的亲密关系，个人的想法和情感在彼此坦诚相待的同时都可以肆意表达和抒发。

而摆脱世俗束缚和群体规范的行为个体此时也不再是他们自己，而是被重新塑造且具备额外能力的人，他们无需借助过多的辅助语言即可对彼此的想法感受心领神会。“在这一过程中，各个对立体相互组建，而且还彼此依靠。”①参与仪式的行为主体在有限的空间内，在高密度的接触中感受到内心被祖先神灵的伟大形象所召唤，被先祖圣光笼罩的他们不再是单一的个体，而是拥有统一民族身份、紧密联结依靠的共同体，这一点在他们身体里流淌的澎湃热血和近乎同步的表情动作里得到了再次确认。可以说仪式的阈限性虽然消除了个体的世俗身份差异，却强化了他们骨子里印刻的民族身份。跳丧场上举止谦恭、心灵虔诚的土家族民们，无论是忘情投入的歌舞表演还是亲密热络的家常问候，身体和意识的协调一致有助于实现对彼此情感的传递和共享。

通过亲身参与并且融入高强度的肢体和言语互动中，仪式参与主体获得了身份认同感，即对“我们”这种感觉的增强，同时还形成了集体超脱的共同情感体验，跳丧仪式变成了参与者分享共同情感的重要场所，在这一条件下，人们一

---

① 维克多·特纳.仪式过程——结构与反结构[M].黄剑波，柳博赟，译.北京：中国人民大学出版社，2006.

并沉浸在由集体兴奋包裹的超凡世界里，死亡的阴影无处显形，只剩下生命带来的希望与愉悦。

（四）统一身份：对局外人设限

对局外人设限是互动仪式的组成要素之一，也是维持仪式独立和参与主体身份统一的有效保障。原生态跳丧的传受主体可以根据其角色特性划分为三类：掌鼓师、舞者以及观演者。虽然不同角色组成自由，但他们都是由土家本族的族民担任，统一的身份标识相当于设立了一道准入界限，使得跳丧的参与主体局限于族群内部成员，对局外人设限保障了仪式主体构成的同质性，有利于彼此间的信息传递和文化共享。而在跳丧场上，不同角色在参与主体间可以随意切换，例如当围观群众中有人一时兴起想打鼓唱歌，他会直接上场夺过鼓槌立马起范，相较而言舞者的更替就更为频繁，乘兴而来兴尽而返、"你方跳罢我登场"已经成为仪式的常态。可见在跳丧仪式传播过程中，传播主体呈现出传受一体的关系状态，双方可以根据个人意愿自行互换身份，或掌鼓高歌，或纵情欢舞，又或只是暂时停歇、做个单纯的旁观者。个体通过对不同角色的体验消化，达成彼此身体的协调一致，这种不间断的身份互换也使得参与个体产生高度的互为主体性，有利于彼此间信息和观念的传递共享。

在土家跳丧仪式中，设限不仅表现为仪式的进入门槛，还体现在仪式内部参与主体的角色分割中。虽然理论上传受主体可以随意进行角色切换，但跳丧存在一个绝对的中心人物，掌鼓师就是仪式传播中超越舞者和观演者的"意见领袖"般的存在，他不但掌握着跳丧的词牌、律动，甚至舞蹈内容也由他随机决定。掌鼓师对仪式进程拥有至上的主导权，而这一关键角色并非人人可以胜任，通常情况下一个村庄、一个县镇的掌鼓师会由专人任命，他们大多经验丰富，凭借高超的叫鼓技艺在本地远近闻名。在跳丧场上，掌鼓师专门负责敲鼓叫歌，通过鼓点向受者传递音乐信号，引导仪式有序进行，而在闲暇时，他们还会进行自主创作，谱写可运用于跳丧中的曲牌和歌词，同时扮演着信宿的角色。掌鼓师在跳丧仪式中的重要地位，实则反映了土家族对丧事的重视程度，丧鼓打得好坏是衡量丧礼进行顺利与否的直接标尺，而丧事的操办质量又是评价丧事主人孝心大小、能力高低的通用标准，基于这种民族文化特性，掌鼓师连同他所控制的丧鼓，一并构成了跳丧仪式传播中必不可少的关键要素。

一方面，跳丧通过将传受主体限定为存在血缘或地缘关系的族群内部成员，非相关人员被隔绝在外，从而使得参与仪式的族民自然而然成为局内人。因为长期共处于同一社会环境并受相同的文化氛围感染，仪式局内人大多拥有近似的生活记忆和趋同的观念意识，他们在仪式的表演过程中，更容易与众人达成深层次情感上的互动。而那些贸然闯入的外来者，即使是身体共同在场，也常会面临他者的不自觉疏远，无法真正获得仪式的参与感。这种基于身份差异而形成的物理界限和心灵区隔，不仅有助于强化本族族民的身份认同感，也有利于维系民族共同体的稳定发展。另一方面，在仪式各主体互动之间，界限会因为各自扮演角色的不同变得更加细化。掌鼓师作为仪式传播的中心人物，同在土家民族文化里占据重要地位的丧鼓一起，成为跳丧场上的“灵魂”存在，由专人专任的掌鼓师与一般的舞者和观演者区别开来，以其不可替代性诠释着丧鼓以及跳丧在土家人心中的神圣地位。因为处于统一行动框架之下，仪式内部的角色分层并不会导致身份极化或分裂，相反地，通过对代表性人物或物像的凸显，能进一步强化仪式对于个体的感召力和凝聚力，人们重视丧鼓、敬仰丧鼓师，其实就是对民族文化的认可以及对仪式崇拜的情感流露。

三、跳丧的仪式结果

前面阐述了跳丧仪式传播的组成要素，包括仪式“身体在场”、对局外人设限、共同关注焦点以及共享的情感状态，这些要素呈现出不同特性，并通过组合交融构建出一个相对完整的仪式传播过程。在詹姆斯·凯瑞看来，传播不仅是信息在物理空间内的传递扩散，更是维系社会关系和社会生活的一切仪式性活动，他把“仪式 ”作为传播的隐喻，将两个原本隶属于不同学科领域的概念融合联通，由此拓展了传播的深层意义，也使得人们开始关注人对传播的参与，以及传播对人类整体社会秩序的建构作用。跳丧是一种丧葬仪式，也是一种仪式化传播，歌舞、器乐、服饰等符号元素，都作为这个大的传播系统中的一部分进行意义的生产，而参与个体则借助这些丰富的符号资源，由浅及深地进行精神层面的情感互动，并在互相的高度关注和情感连带的作用下促成个体意识向集体共识转化，最终达成彼此经验的共享和文化上的认同。接下来主要分析跳丧仪式的传播效果，探讨跳丧对土家个体乃至整个民族共同体在观念形塑、精神凝聚等方面的深层作用，其间会代入柯林斯的互动仪式链理论，选择性地从互动角度分析跳丧作为一种互动仪式的具体运行机制及产出结果，从而进一步丰富本部分内容。

柯林斯把仪式划分为"自然仪式"和"正式仪式"两大类，前者指向那些未经过设定程序即建立起相互关注和情感连带的仪式，包括日常生活中的"握手""再见"等礼节行为，后者则专指那些有固定程式并以典礼形式开展的活动，如婚丧礼仪、宗教仪式等。跳丧有完整的执行流程和既定的行为规则，显然按照柯林斯对仪式的定义，跳丧应该归属于"正式仪式"，但这只是对仪式的初步划分，仪式强弱、成功与否又使其内部生成出多元分支。而如何去判断一个仪式是成功的呢？柯林斯对此提出，仪式成功的关键在于成员间是否建立了互为主体性和情感连带，通常缺乏共同关注点和共同主动情感的仪式无法凝聚彼此，无效的情感耗费只会让个体产生对仪式情境的厌倦和抵触。除此之外，成功的仪式还会输出以下体验：群体团结、个体情感能量、尊崇群体符号以及道德感。跳丧作为已经沿袭了数千年的古老丧仪，毫无疑问它的发展是成功的，因此其对于个人和社会的功能意义可以从下述四个方面入手进行讨论分析。

（一）群体团结和成员身份感

在"正式仪式"中，互动主体一般都具有稳定且相对统一的身份，这种身份定型以符号的形式标记着每个个体，成为他们步入仪式空间的准入权限。前文已提到，传统跳丧的参与主体都是土家村民，丧鼓一响，远亲近邻都会放下手中忙活，第一时间赶赴孝家，哪怕是与死者生前有矛盾的也毫不计较照样前来，因为在土家人的认知里，死人不是孝家的私事而是民族的大事，这件大事在土家族日常活动里占据重要地位，其存在本身即构成群体的共同关注焦点。共同关注是群体团结形成的基础，却不是唯一因素，群体的团结感还需要通过大量外部符号进行延伸，而统一的民族身份这种先天携带且持续存在的群体符号无疑为群体团结提供了稳定保障。

土家族是在宗祠组织基础上建立并形成相对稳定共同体的民族，宗祠组织本质由血缘关系组成，它普遍存在于土家族地区，对土家族个人意识行为和社会结构秩序都产生了重要影响。虽然族人拥有深厚的血缘文化情结和强烈的民族意识，土家族的内部交往却并不如想象中频繁，这可归因于地理、经济等诸多复杂因素，因此以跳丧为代表的文化事象，在民族交往中就显得尤为重要，“人死众人哀，不请自然来”，跳丧为族内群众性交往提供契机，它也进而成为民族内部联系的一种纽带。在历史记忆层面，人们用唱词歌颂祖先的丰功伟绩，用舞蹈还原先民的生活情境，通过对祖先的追忆和族源记忆的确认强化对民族身份的认同感。而回归到现实生活，跳丧仪式以其强大的感召力聚集众人，使得多年未见的亲朋好友得以重聚叙旧，从这个意义上说，跳丧也是一次家族聚会，通过热情洋溢的歌舞，人们竭力在族人面前表现自己的思想和才能，青年男女借此机会了解彼此、增进情谊，长辈老者则边喝酒边唱跳，在相互攀谈中感慨世事无常。基于统一的民族身份和共同关注焦点，跳丧实现了对土家个体从身体到心灵的聚合，无论是对以祖先崇拜为核心的信仰文化的书写，还是对现世族群内部交往互动的联结，跳丧都表现出包括群体意识和团结协作意识在内的丰富文化内涵。仪式强化了个体对民族身份的认同，也增强了血缘家族和民族地缘关系的凝聚力，由此土家民族共同体也在个体力量向群体团结达成的过程中，得到进一步建构和维系。

（二）代表群体的符号

在互动仪式中，互动多以符号的形式展开，个体使用的符号资源很大程度来自其之前参与的互动仪式，一般成功的互动仪式还会在既有资源的基础上创造出新的符号。在前面一节的相关讨论中，有提及个体是携带着统一的身份符号参与跳丧仪式，身份符号具体可表现为成员之间存在的血缘或地缘关系，这种符号直观可识别且有明显的区分性，它可以作为群体符号发挥效用，却无法替代后者，因为可以象征并代表整个群体的符号必然是多元的、抽象的且内涵丰富的。而跳丧作为一种仪式化传播，本身蕴含着丰富的符号元素，符号是生产意义的工具，整个仪式空间也因此充满了复杂的象征性意义，个体在与他人展开互动的同时也参与了符号意义的生产，由此能够在仪式所构筑的意义情境里能够感受符号带给他们的情感能量和精神需求。

虽然跳丧呈现的符号纷繁多样，但其中最能在整体上代表土家族群体的标志，必属"白虎"无疑。虎在土家人心中，是族神，是祖先，是占据支配地位的不容触逆的神圣之物，土家人把白虎尊奉为民族图腾，并编织了一系列"人虎合一"的神话传说，使得白虎这一符号被抬至民族群体象征的最高位置。"白虎"在跳丧仪式传播过程中随处可见：只听那边刚唱到。"三堂白虎当堂坐，当堂坐的是家神"，这边就开始表演"猛虎下山"模仿白虎觅食形态；刚瞧见一位身着虎纹图案服饰的年轻人，抬头又见着另一位把脸描成白虎模样。人们把白虎元素填满整个仪式空间，既表达了土家族对祖先、对白虎图腾的尊崇和敬意，也寄予了族民借白虎之神力承祖先在天之灵庇佑子孙、福荫后代的诚挚愿望。"白虎"作为一种符号贯穿了跳丧仪式传播的全过程，它所牵连的包括图腾崇拜在内的民族信仰文化与跳丧仪式相伴相生。一方面，仪式为符号的意义生产提供了共享空间，另一方面，符号所表现的象征意义又丰富了仪式的传播内涵。个体参与跳丧，在由大量"白虎"符号编织的意义情境里，感知民族图腾和祖先神灵的当下共在。白虎作为群体的表征，唤醒了土家个体的民族记忆，也激发了他们对于民族身份的认同，这种体验还会在重复性的仪式参与中积累叠加，逐渐由个体的情感能量转变为民族的精神力量，成为民族凝聚力和向心力之所在。

（三）个体的情感能量

情感是互动仪式链的核心组成要素与生成结果，作为仪式组成要素的情感是短暂的，它表现为当下的瞬时性情感体验，而作为产出结果的情感则是长期的，柯林斯把这种具有延续性的情感回馈称作情感能量。人们参与互动仪式会先受到短暂的情感刺激，并通过不断积累叠加，从而强化形成长期的情感能量。在土家跳丧仪式中，参与主体首先在欢歌乐舞中感受个体即时的情感迸发，随着仪式氛围渐入高潮，个体积累的情感能量达到峰值；与此同时，个体通过与他人的持续性互动感受彼此情绪的共振，在这种相同频率的群体情绪感染下，仪式最终达成“集体兴奋”状态，个体之前积累的短暂情感由此得到强化，并跟随主体延续至下一次新的互动。如此循环往复，便实现了短暂情感向长期情感能量的转化。

在土家跳丧中，几乎看不到死亡给人带来的悲伤情绪，人们笑容满面、载歌载舞，仪式自始至终都洋溢着欢乐喜庆的氛围。这种看似与世俗丧礼格格不入的氛围实则体现了土家族独特的生死观念，因为相信人死灵魂犹存，死亡只是人生的一个自然过程和必由之路，也是灵魂从现实可见区域向不可见区域的简单位移。通过编织这种民族心理神话，土家人很好地缓解了自身对死亡的恐惧，也相应减少了自身因死亡受到的痛苦伤害。远古时期，土家先民会在人死后模仿图腾物的动作，唱着有关图腾神灵的颂歌，以祈祷亡灵顺遂抵达彼岸与祖先相聚，虽然丧礼早期就以歌舞的形式呈现，人们却更多的是基于一种功利的目的去吟唱和舞蹈。随着历史的发展，土家人发现跳丧歌舞除了实用价值外，还能起到精神调节的作用，在热闹欢快的歌舞里，族民由死想到生，由亡者离世想到后代繁衍，想到男女情爱和婚姻，还想到对晚辈的教育和引导，跳丧给土家人带来了一种心理平衡，人们一边忘我地投入到热情歌舞里，一边感受心灵和精神层面的超脱痛快。“其歌必狂，其舞必欢”，个体沉浸在跳丧的狂欢氛围里，沉浸在仪式创造的超凡阈限里，人情纷扰世俗隔阂皆抛诸脑后，只有平等统一的民族身份在时刻提醒对方：我们本就是一体。就像拥有某种天生默契，一个人的欢呼总能得到一群人的回应，节奏连带的互动通过持续性反馈强化，激发个体情感向群体共情转化，并最终达成一种集体兴奋。在这一过程中，个体形成前所未有的身心愉悦感，这种体验随着“我们”共同感觉的延伸变得愈发强烈，并会伴随个体延续到下一次新的互动情境之中。

每一次跳丧仪式的现场传播都构成了一个独立的微观情境。柯林斯认为，宏观情境是由无数微观情境组合而成。跳丧仪式的情感互动与传播，也经历了从微观情境向宏观情境转变的过程。如图 4-1 所示，每一次跳丧都构建了一个微观的互动情境，受众 a 和受众 b 在该情境中相遇，各自携带着基础的情感能量 EE1 和符号 1 展开互动，当此次互动成功结束，他们之间便形成了互动仪式

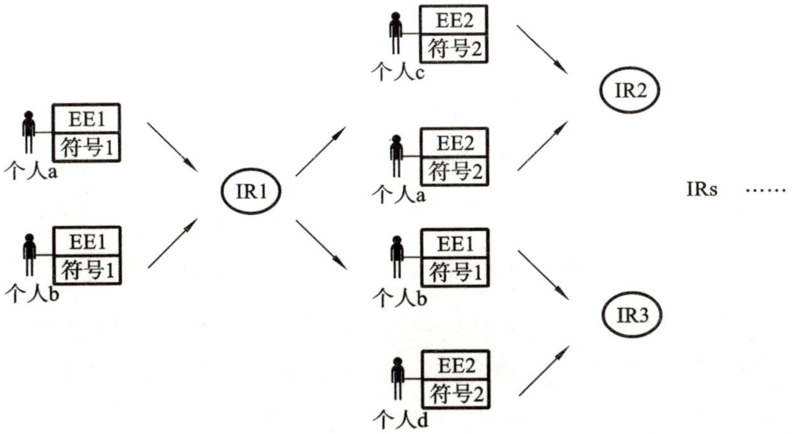

图 4-1　跳丧仪式传播的情感能量转化

IR1,并各自获取了新的情感能量 EE2 和符号 2。伴随下一次跳丧仪式的开展,受众 a 会携带在 IR1 中产生的 EE2 和符号 2 进入到新的情境中,并与受众 c 相遇产生新的互动,同样受众 b 也会携带情感能量 EE2 和符号资本 2 与受众 d 展开互动,由此新的互动仪式 IR2 和 IR3,连带着其生产的新的情感能量和符号得以形成。如此循环往复,在变化的情境中不断有新的互动仪式产生,个体在积累并更新情感能量和符号的同时,互动仪式链也由此形成。虽然在具体跳丧仪式情境中互动的参与主体远大于两人,而且仪式的参与者存在重复叠加的情况,但个体在每次互动仪式中都能获取到不同的情感能量和符号,随着体验感的累积强化,短暂的情感刺激将转化为长期的情感能量,而且人们通过跳丧实现的身份认同和文化认同也在无数次积淀中逐渐形成一种心理定势,在互动仪式链形成的同时,族民们联结组成一个巨大的关系网,土家社会共同体也由此得到维系和发展。

(四)道德感生成

道德感是互动仪式生成的最后一种结果,仪式参与主体在获取个体情感能量,形成对群体符号的尊崇以及由之达成的群体团结感之后,还会产生维护集体正义的道德感,个体会因为破坏群体团结背负罪恶而被排除在仪式之外。通过这种自觉性的道德约束,群体成员的身份感和内部团结得到再次强化。

在土家跳丧仪式中，群体道德感主要表现为族民对仪式系列规则的遵守和维护。前文已提到跳丧作为一种群体性文化事象，其本身包含了大量涉及道德伦理、民俗禁忌等仪式规范，这些规则在长期实践过程中已经内化为土家人心中的文化准则，形成一种由内生发的自觉性力量，从而规训着个体的意识及行为，并从整体上维护着土家族群的团结统一。土家民间有句俗话："逢年过节亲人团聚，红白喜事族人会聚"，若是哪家开办红喜事，按照俗规近亲大多是要赴宴的，一般远亲可能出于某些私人原因无法准到，但若是碰上白喜事，无需孝家邀请，即使再忙或甚至过去与逝者发生过矛盾冲突的人家，也会不计前嫌自觉前来，这里面若是有谁违背乡规刻意缺席，还会受到全族人的谴责和惩罚。土家人对于族人离世的高度重视和表现出来的民族自觉，充分体现了传统俗规对土家山村社会的感召力和约束力，带着对亡者的悼念和对死亡本身的敬重，人们如约而同赶赴孝家吊亡慰生，"一打丧鼓二帮料"既是对亡者的祭奠，也是对民族社会关系网络的承认。每个独立的个体都构成了宗族亲缘关系网络中的一环，也相应地承担了亲族身份赋予他的责任义务。为了履行义务和贡献个人的一己之力，在面对死亡、面对共同的危机时，土家人自觉出动，齐心协力共克难关，他们一边牢记先辈沿袭下来的祖训，一边用行动去践行已经深化于心的神圣准则，而那些无视规则的威胁到集体利益的破坏者，势必会遭受惩罚，被隔绝于群体之外。

除了仪式的"强制性"参与外，跳丧还通过设立各种禁忌俗令来统一约束个体的仪式行为，参与者在不断传授的规则指令下，逐渐达成彼此身体的协调一致。从这一层面来说，仪式传播其实也是传达团体规范的过程，每个人都在自己的规则系统里感受到当下的行为是有意义的，这种意义表现为对规范的遵守和对群体秩序的维护。外在的制约规范经由重复性的仪式活动，最终转化为内在的道德力量，也正是通过建立在个体自觉基础上的道德感，族群内部成员的身份认同和文化认同得到了持续性维系和巩固。

四、跳丧仪式互动模型与民族文化认同

（一）跳丧仪式互动模型

“互动仪式”概念最早由戈夫曼提出，他认为互动仪式是一种表达意义性的程序化活动。在其观点基础上，柯林斯进行了一定延伸，他指出：“互动仪式是际遇者由资本和情感的交换而进行的日常程序化活动”。[①] 综合而言，互动仪式其实就是蕴含丰富象征意义的一种不断重复且有规律的程序化活动，它通过建构起人们对于外部世界的感知和交流，从而维系群体特定的社会关系。从这一层面来说，仪式之于人类社会，是发挥秩序建构作用的存在，人们借助仪式克服彼此世俗属性的差异，在共同行动中相知相融，最终建立起对群体、对民族社会的归属感及认同感。

跳丧作为一种社会化的群体性仪式活动，它通过传统乡规的约束，把土家族民“强制性”地集结到仪式中来，在象征符号构成的意义空间里，族群内部通过密集且持续的符号互动，达成经验的共享与文化上的认同。与互动仪式模型一样，跳丧仪式传播也形成了一组包含因果关系和反馈循环过程的运行机制，其中仪式传播的组成要素作为前因施加影响，它们组合形成了不同的强度，继而产生了诸如群体团结、符号尊崇以及个体情感能量等仪式结果，这一过程可用如下模型简图表示（见图 4-2）。

土家村民通过参与跳丧仪式加入共同的行动之中，参与主体统一携带的民族身份符号构成仪式的准入门槛，而那些不归属于本族群的外来人员，碍于身份有别只能游离在仪式之外。待正式进入跳丧场，族民很快便受仪式氛围感染，主动与他人展开热烈互动，他们或切磋舞技互展歌喉，或闲唠家常共话桑麻，围绕共同的关注焦点积极分享各自的情感状态。随着仪式气氛逐渐推向高潮，在个体行为与他者反馈的交互作用下，参与主体的个人情感得到强化，人们

① 兰德尔·柯林斯. 互动仪式链[M]. 林聚任，王鹏，宋丽君，译. 北京：商务印书馆，2009.

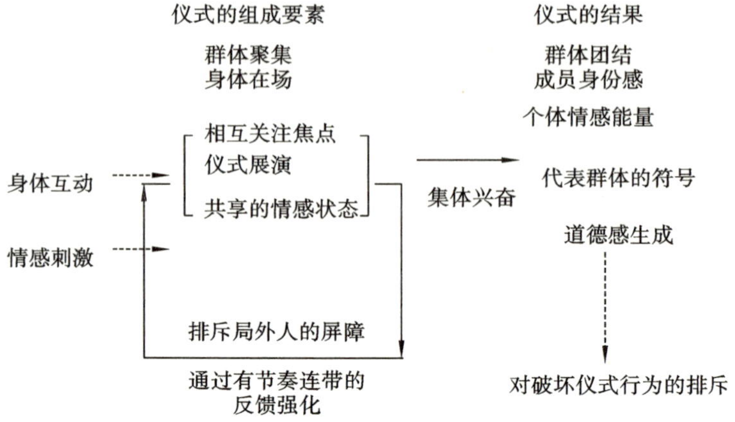

图 4-2　跳丧仪式互动模型

一边用嘹亮歌喉和生动舞姿发泄情绪，一边又在仪式唤醒的民族记忆里积累情感能量，而群体同步互动产生的情感连带则推动个体兴奋向集体兴奋转化，在这种共享的情感状态里，仪式参与主体产生了对民族身份的认同感、对群体符号的尊崇感以及维护集体秩序的道德感，与之相对应，任何破坏群体团结违反集体利益的行为，都将承受群体愤怒和严厉惩罚。至此，一次相对完整的互动仪式即已完成，但并未结束，个体通过仪式获取的情感能量和符号还会转移至下一次新的互动场景，如此循环往复，在不断积累的能量推动下互动仪式链得以形成。

（二）仪式互动与文化认同

“文化认同是人类对于文化的倾向性共识与认可。”①一个民族文化的延续与发展建立在族群对于本民族文化认同的基础上，而族群文化通常可表现为特定的民族宗教、习俗、信仰等形式，离开了这些文化表征，族群将失去内聚力且面临解体和消失。在一定程度上，民族文化认同和身份认同具有相通性，身份认同寓于文化认同之中，对本民族身份符号的尊崇和肯定，会通过不断积蓄的认同感扩展为对民族文化整体的认可。

---

① 郑晓云. 文化认同与文化变迁[M]. 北京：中国社会科学出版社，1992.

任何文化都是由不同要素构成的，包括精神、行为、制度等多个层面，其中精神是一个民族文化的核心要素，它对行为、制度以及物质文化等各方面都发挥着潜在影响，文化认同从这种复合文化构成中独立出来，同时又泛化到文化组成的各方面之中。对一个民族文化的认同，只有在充分了解其文化全貌及组成，且深入体验该民族的文化生活后，才能真正获得由衷的认同感。而对于长期生活在同一自然文化背景里的本族民众而言，因为彼此血脉相连、持有共同的集体记忆，加上本土风俗文化的持续性浸染，他们形成了一致的文化信仰。相较于外部人群，族群内部在文化认同的形成上有着天然优势，再加之民族仪式乡土俗规等进一步强化，族群内部的文化认同得到了稳定且持久的外在保障。

跳丧作为土家族独特的民族文化事象，它传达了土家人深层次的文化信仰，这些看不见摸不着的意识观念，通过仪式有形符号的展演得以表达呈现。在跳丧仪式传播过程中，土家族的族群文化也是通过富含深刻隐喻的符号元素体现出来的，仪式本质就是由文化建构起来的象征体系，每一次仪式展演即构成一次对文化符号的传递和民族信仰的传播。在《大众传播模式论》一书中，作者把仪式传播比作一棵圣诞树，树上的装饰品等同于仪式的组成要素，它们既是媒介也是符号信息，传播的最终目的不是获取控制，而是通过装饰、显示以及相关活动来实现意义的共享。跳丧涉及的多种组成要素都构成了仪式象征体系里的符号信息，它们在仪式空间里积极进行意义的生产，使得参与主体在符号互动过程中达成意义的共享，并继而形成文化上的认同。

仪式由一系列模式和序列化的言语和行为组成，它是一种象征体系，是对民族信仰、精神及内在气质的表达。跳丧通过语言、歌舞、道具等形式对土家族文化习俗、精神信仰进行了多重意义的呈现，进而充分展示了土家族的族群文化，其中，丧歌丧舞作为跳丧仪式传播过程中必不可少的要素，是土家文化的典型传承载体。土家族是歌舞的民族，族民能歌善舞，以歌会友、以舞娱情，日常生活点滴皆可融入歌舞表达，而跳丧作为一种歌舞丧葬仪式，歌舞既是仪式的传播形式，也是传播的中介，它们承载了仪式独特的文化内涵，在动态演绎里完成对民族文化的叙事与传播。土家丧歌内容极为丰富，包含有情歌、农事歌、劝者歌等多种类型,歌曲主题也纷繁多样,从民族繁衍到社会变迁,从历史人物到山川风物,每首歌都是对土家社会生活的艺术再现。与歌曲相呼应,跳丧舞蹈也具备独特的内涵特征,无论是对图腾神灵白虎动作的有意模仿,还是对土家先民群居生活的表演还原,跳丧舞蹈的一招一式都反映了土家人祖先崇拜和图腾崇拜的深厚情结。在跳丧仪式中,人们以歌舞为中介进行群体互动交流,通过忘情投入的歌舞表演达成超越时空的意义共享,土家族的历史、生活、文化也连带着在这种极富情感的演绎中变得鲜活灵动。“人的‘当前’是整个靠记忆所保留下来的‘过去’的累积。”[①]对于一个民族来说,记忆同样是不可缺少的,它就像一条纽带串联起过去和当下,并在历史变迁过程中逐渐内化为一种集体无意识,成为族民心中的神话。而以歌叙事、以舞传世的“跳丧”无疑是土家人民强化集体记忆、传承民族文化的良好载体。

跳丧是土家族经过长期历史发展而沉淀下来的民族文化遗产,它作为土家族文化的传承载体,对文化的交流与认同发挥着积极作用。而文化认同不是一朝一夕即能形成的,它需要一个长期循序渐进的过程。跳丧通过重复性的仪式展演,通过对土家传统文化、民族信仰的深层传播,一方面唤醒和加深民族集体记忆,另一方面强化族群归属,增进个体对民族身份和文化的认同感。在自我与他者之间,跳丧搭建了一个充满意义的符号世界,个体在互为主体的互动表演中,通过符号和意义的交织,达成经验的共享和文化上的认同。

① 费孝通.乡土中国[M].北京:人民出版社,2008.

第五章

仪式分层叙事:民族记忆的自我更新

葬礼在中国传统文化中是一项承载诸多象征意义的重要仪式。中国传统的葬礼和祭奠仪式围绕仪式空间、仪式角色、仪式行为、仪式媒介和仪式过程等诸多要素形成了一套完整的程式和结构。土家跳丧也有其特定的仪式语境,虽然跳丧仪式与一般丧葬仪式不同,但是其仪式程式的最终达成也是生者对逝者情感的表达和升华,是抚慰生者内心悲伤的一剂良药。而这一仪式程式达成的过程也是一次叙事过程,用其自身独特的形式向人们叙述着土家族的民族记忆和民族文化。学者彭兆荣认为,民俗仪式在社会公共空间的阈限内,具有社会历史叙事能力,与一般日常生活的习惯性行为不同,具备特定的范畴、特定的社会、特殊的知识系统的符号象征及表述。跳丧仪式作为展示土家族民族文化的窗口,同样具备了这种社会历史叙事能力。土家跳丧虽然不属于叙事学的普遍研究对象——静态文本,但它从古至今的演变和发展历程构成了一个动态的少数民族历史文本,依然囊括进叙事学的研究范畴之中。土家跳丧从早期的军前舞发展到今天的丧葬仪式,经历了三千多年的历史,它遵循着一定的时间轨迹和历史轨迹,在这一过程中,不同历史时期的仪式形态也在用不同的方式向人们叙述着跳丧的发展过程及背后的特点、故事和文化记忆。而这不同阶段仪式形态的叙述是相互嵌套的,构成了不同层级的仪式叙事。

一、叙事、分层与元故事

（一）仪式与叙事

如前所述，仪式既可以成为人类学研究社会关系、生产生活的一条通道，也可以成为文学作品描述的对象。它早已浸透于人类行为的各个方面，如日常起居、节日盛典等。在文学作品的叙事之中，仪式更是随处可见，它可以凝结为一句礼貌用语，也可以通过一碗饭、一杯茶进行呈现。人类学中的仪式研究与文学中的仪式研究归属于两种不同的学科范畴，但它们的研究对象是一致的，都指向了人类社会的仪式行为。人类学的仪式研究是建立在社会学、民俗学、历史学乃至传播学的基础上，研究仪式发生的原因与目的、仪式行为的象征意义，以及它对于民族与文化传播的影响；文学的仪式研究则是建立在叙事学、语言学、伦理学以及心理学的基础之上，对文本中的仪式叙事进行解读，剖析它在文本中的叙事功能、作用，以及对人物、情节发展产生的影响。可以看出，人类学的仪式研究立足于仪式本身，以仪式为原点进行发散，进而了解仪式对人类社会和文化发展的意义；文学范畴的仪式研究则立足于文本，以仪式叙事为切入点，深入到文本的外在形态与内在精神，是研究文本的重要工具。

20世纪80年代之后，叙事学研究逐渐从经典走向后经典，这意味着仪式叙事在借鉴经典叙事学的同时，也受到后经典叙事的启示，找寻并总结仪式作为一种叙事模式的特点。这也就分成了两个层面，第一层面是在文本中描述仪式是如何叙事的，第二层面是将仪式本身当成动态文本，研究仪式中的神话、动作等元素是如何进行叙事的。

文本层面的仪式叙事指的是在文本叙事的过程中，揭示人物仪式行为的仪式要素展现、叙事情节的仪式化书写，以及文本背后所表达的情感功能，这三者建构出仪式书写的基本结构。当把仪式作为文本叙事研究时，特别是在现实主义作品的分析中，其优越性得到了充分的展现。在仪式视域下，文本不是对概念的简单演绎，也不是对西方文学批评范式的直接挪移，而是在叙事人物、情节、环境的表现中表达出作者对生活的深刻理解以及对历史、文化的透彻洞悉。正因为文本的仪式研究有着重要的价值，因此它也成为一种需要不断挖掘、不断深入的方法，从而为读者开辟一个更为宽广的阅读视野。仪式叙事的重点在于对叙事点、面、体的分层，其中，仪式要素是文本叙事聚焦的点，仪式化属于叙事的面，仪式感则是从立体的空间范畴把握作者与读者的情绪。此外，仪式化与仪式感叙事还表现出叙事学与人类学学科之间的内在联系，是对叙事学概念能否与仪式内涵相融合的一种尝试。

从文学的角度来看，作家对仪式在文本中表现的重要性的认识，要早于人类学家对仪式的理论阐释，无论是中国古典文学还是外国文学，如《诗经》《荷马史诗》《尼伯龙人之歌》等史诗作品中都存在大量的仪式叙事。随着文学与人类学的结合，人类学的理论对文学批评、小说创作都产生了一定的影响，特别是中国当代的长篇小说，明显加强了"描写"的比例，特别是对神话、亲属关系、互惠与认同、仪式等叙事对象的涉及，皆可以看作人类学对文学创作潜移默化影响的结果。从文学批评的角度来看，在近几年的重要学术期刊上，仪式与文学的跨学科研究成果明显增多，这说明这种研究已经形成了一定的气候。然而在"仪式"能否形成一种独立的叙事的系统研究方面，相关的研究成果乏善可陈。要改变这种现状，首先要理解仪式的真正内涵以及从内涵中生发出的表象，尤其是仪式在文本叙事功能之外的意义。青年学者薛艺兵、张良丛分别受到格兰姆斯、格鲁克曼等人的影响，强调仪式化概念的延伸，为仪式与文学的融合提供了思路。其中，张良丛认为，"仪式化是以仪式形式存在的传统向社会文化各个领域的延续或延伸"，它是仪式的内在核心与构造方式，包括"社会仪式化、思维仪式化、文化仪式化"[①]等。但是，仪式叙事研究更多偏向于对文本中的仪式的叙事特点进行描述，将仪式本身作为动态文本及对其叙事的研究鲜有涉及。仪式不仅可作为一种叙事策略来构建文本的话语机制，同时也是一种蕴含文化符号的象征性程式和行为实践。当具有特定目的的舞蹈、劳动等行为慢慢脱离了普通的日常行为后，便发展成最早意义上的仪式；初以口头传播的方式，后通过

① 张良丛. 从行为到意义：仪式的审美人类学阐释[M]. 北京：社会科学文献出版社，2015.

文字记载，逐渐包含了神话传说、传唱歌曲、经典动作等形式。这些形式使得仪式本身也具有非常多的叙事功能，仪式通过这些语言、动作向人们述说着自身的产生发展及特色等。而这一部分的内容当前却未获得充分关注。因此，本书基于仪式叙事的第二层面，借助热奈特的叙述分层理论来剥开跳丧仪式的分层叙事结果与过程，即将跳丧仪式本身作为一个动态文本去展现其对自身的叙事过程。

（二）从叙述分层到元故事

叙述分层理论最早由叙述学家热拉尔·热奈特于1972年在《叙事话语》中提出。热奈特虽然对叙述分层本身没有给出一个明确的定义，但是他运用例子和故事对其进行了描述和解释，并且给层次区别下了一个定义："叙事讲述的事件所处的叙述层，高于产生这一叙事的叙述行为所处的叙述层。"这一定义本身比较晦涩，因此热奈特给出了进一步的描述，并提出了叙述分层的三个术语：故事外叙述（extradiegetic）、内叙事（intradigetic）和元叙事（metadiegetic）。[①] 从热奈特的定义中能看出，他发现了叙述行为与叙述的事件属于不同层次，但是他并没有意识到产生这种现象的本质原因是叙述者的变化，正是因为有了叙述者的变化，所以出现了叙述分层。相比于热奈特，里蒙·凯南就意识到了叙述者的问题，她在《叙事虚构作品》一书中写道："故事里面也可能含有叙述。一个人物的行动是叙述的对象，可是这个人物也可以反过来叙述另外一个故事。在他讲的故事里，当然还可以有另一个人物叙述另一个故事。"[②]里蒙·凯南看到了叙述者这一本质因素，认为是叙述者的不同产生了叙述分层，她强调被叙述的对象可以反过来叙述另一个故事，变成叙述者。苏珊·兰瑟在其叙事学相关著作《建构女性主义叙事学》一书中也对叙述分层进行了自己的解读，她认为热奈特提出的叙述分层有一定的局限性，因为叙述者通过文本或话语在进行表述时，受环境的限制，可能会无法完全表达其想要表达的完整意思，因而会有表层文

---

① 热拉尔·热奈特.叙事话语 新叙事话语[M].王文融，译.北京：中国社会科学院出版社，1990.

② 里蒙·凯南.叙事虚构作品[M].姚锦涛，黄虹伟，傅洁，等，译.北京：生活·读书·新知三联书店，1989.

本和潜层文本的区分，所以她相应地补充了“公开叙述”与“私下叙述”两个概念。但是，苏珊·兰瑟的解读在学者方小莉看来与热奈特提出的叙述分层理论讨论的完全不是一个问题。因本书引用的叙述分层理论与苏珊·兰瑟的相关解读并无关系，所以对此问题不展开相关阐述。

因为有了热奈特的叙述分层理论，所以也就有了元故事叙事。热奈特提出了三个叙事层次：他将起始的层次称为“故事外层”，在这一层的叙事即是“第一叙事”；将故事外层中所嵌的故事层称为“故事内层”，在这一层的叙事即是“二度叙事”；将二度叙事中讲述的事件称为“元故事”，在这一层的叙事即是“元故事叙事”。这一提法其实是比较含糊和容易令人产生误解的，这一点热奈特在《叙事话语 新叙事话语》中也意识到了。学者邓颖玲在《叙事学研究：理论、阐释、跨媒介》一书中对这个问题进行了阐释，她认为这三个概念使用起来也极为不方便，因为无法命名元叙事中的叙述层，她更倾向于使用“初始叙述”“第二叙述”“第三叙述”这样的词，如果元叙事中还有叙述，则可以命名为第四叙述、第五叙述，直到无穷。[①] 尽管热奈特的这三个概念使用起来不太方便，但是学界还是沿用这个说法。热奈特强调元故事叙事是在第一叙事的基础上发展起来的，元故事叙事可以在第一叙事的基础上进行改变和创新，但元故事叙事和故事叙事之间还是存在着一定的关系。元故事叙事在土家族跳丧仪式的叙事过程中也有明显的体现。

二、跳丧仪式的分层叙事

法国叙事学家罗兰·巴特认为叙事学是一门除了研究文学作品外，还包括研究连环画、社会杂闻、绘画、电影、会话等叙事材料的学科，叙事承载物可以是口头或书面语言，还可以是固定或活动的画面、手势，以及所有这些材料的有机混合。而作为土家族一项重要的民族仪式，跳丧蕴含的文化内核丰富精深，是体现民族本质特征的行为方式与符号表述。根据分层叙事理论，分层叙事即对

① 邓颖玲. 叙事学研究：理论、阐释、跨媒介[M]. 北京：北京大学出版社，2013.

想要描述的事件或者事物进行层层讲述，这种讲述可以是语言、文本，也可以是动作。不同叙述主体的讲述也可以分成不同的叙述层，每层叙述层之间存在着紧密的嵌套关系，跳丧仪式虽然不是一个静态文本，但是它从古至今的演变和传播类似于一部小电影，在这个“电影”的叙事过程中，跳丧仪式作为一个承载着土家族千百年民族文化精髓的叙述者，通过不同的方式向人们述说着土家族跳丧文化在不同历史时期的故事。这个故事有清晰的情节发展脉络，如本书第一章所述，土家跳丧从萌芽到发展成熟经历了三个历史阶段：从最初的“军前舞”，发展到隋唐时期初步成型的祭奠仪式，再到明清之后进入成熟期的跳丧仪式。这三个有代表性的阶段形态可以看作三个相互独立又有历史联系的叙述时期。这个故事亦有明确的故事主角——土家族祖先，他们既是土家人文化心理层面上的开拓者，又是土家人的民族英雄。跳丧仪式在三个阶段或曰三个层次的叙事，其实就是对这个英雄在不同历史时期的故事的讲述。叙述者（跳丧）通过特定的语言（如神话传说、歌词）、动作（如舞蹈表演）方式进行，讲述着跳丧仪式的产生、发展和成熟的历史过程。就此意义而言，跳丧仪式正是一个动态而丰富的叙事学研究文本。

（一）跳丧仪式的第一层叙事

土家跳丧仪式是在“军前舞”的基础上一步步发展而成的。土家族人的祖先巴人在长期的狩猎过程中养成了习舞的习惯，并把这种习惯带到了作战的队伍中，“前军后舞”的形式不仅为他们作战成功起到了助推作用，而且也慢慢地被传承下来，并且添加了一些新的元素。这时的“军前舞”不仅是为了鼓舞士气，还是为了纪念死去的战士，已经初步具备了丧葬仪式的意味，它通过各种各样的动作、形态及其背后产生的原因，连同被赋予的寓意一起向人们一幕幕地叙述着土家跳丧的原型，展现土家跳丧最开始的形态及所蕴含的民族文化。通过“军前舞”的叙述，人们知道了土家跳丧是如何产生、何时产生、为何产生等问题。在此，“军前舞”构成了土家跳丧最初的原型，因而成为跳丧仪式的第一层叙事。它处在热奈特所说的故事外层，没有被嵌套在任何叙述层中。

通过前面的分析可知，不论是土家跳丧的舞蹈、歌词，还是符号，都深深地打上了土家族白虎文化的烙印。跳丧仪式清晰体现了跳丧文化传播与土家族祖先开创的文化风气一脉相承的内在联系，在跳丧仪式的文本中，亦充满着对土家族族源、始祖的追溯与赞美、崇拜。因此，拨开各种罩在跳丧仪式之外的形式多样的表现形式以及悠久的历史演义的"迷雾"，不难发现，土家跳丧仪式自始至终其实都在讲着同一个"人"的故事，这个"人"，就是开创土家族历史的祖先。祖先作为仪式叙事原型，一直贯穿在这场历史悠久的仪式叙事的始终。

根据史料，土家跳丧仪式的神话传说最早可以追溯到伏羲氏时代，因而，土家族认可的最早的祖先是伏羲氏。在鄂西土家族的民间传说中，广泛流传着有关伏羲氏的诸多历史神话故事。按照民间传说，伏羲氏生活在混沌初开的原始社会末期。伏羲氏和女娲、盘古都是开天辟地、造物造人的神仙，伏羲氏与女娲成婚，生儿育女，才繁衍了人类。另据南宋《路史后记》记载：伏羲生咸鸟，咸鸟生乘厘，是司水土，生后照；后照生顾相，降处于巴，是生巴人。太皞就是伏羲氏，顾相就是务相，即廪君巴务相。据此考证，伏羲就是巴人的始祖。在土家人的神话故事体系中，伏羲氏是"蛇身牛首虎鼻"，即有"神人八首，人面虎身十尾""人虎同体"的神。这正是对土家族文化发展有着举足轻重影响的崇虎文化最初的认知来源。

在土家族起源与发展的神话故事体系中，伏羲氏天生具备许多超越人类的能力，他人神互通，不仅开天辟地，而且征服了自然，为后来土家族祖先开疆拓土、孕育子民奠定了坚实的基础。作为叙事的开端，跳丧仪式在这个阶段给土家人树立了一个伟大而可信的英明祖先形象。这个祖先不仅突破了混沌世界的诸多限制，繁衍了人类，而且开创了土家族不凡的世界。这种至高无上的祖宗崇拜实际上为土家族千百年来的后代在民族信仰和民族认同上树立了明确的"标杆"。它自土家文化的民族心理诞生之日起，就一直统摄着土家族的民族文化信仰。如在土家族的民族文化传承体系中，人们就非常坚信，土家族的祖先——廪君，正是在伏羲氏的基础上开启了土家族社会和文化的先河。

（二）跳丧仪式的第二层叙事

隋唐时期政治局势趋向稳定，国泰民安，士兵们退役后回到家乡，将"军前舞”一并带回了土家山寨。后来，这种舞蹈形式广为流传，并逐渐形成一种围绕着尸体唱跳的仪式。这样，“军前舞”经过发展，逐渐演变成了“绕尸歌舞”的祭奠仪式。这个阶段的祭奠仪式形态就是跳丧仪式的第二层叙事，也即热奈特叙述分层中的故事内层。此时，这种仪式包括了祭祀和丧葬两种含义。从祭祀的角度而言，“绕尸歌舞”的祭祀更多的是出于图腾崇拜和祖先崇拜的情感。同时，这种祭奠仪式也具有丧葬仪式的意义，它是对亡者的送别和亡灵的祭奠。此时的祭奠仪式也是通过动作、语言等艺术方式向人们叙述跳丧在产生之后如何发展，以及跳丧仪式在发展过程中是如何被逐渐赋予更多文化寓意和价值范式。在这种叙述的过程中，跳丧作为一种祭奠仪式，是在第一种形式“军前舞”的基础上形成的，如果没有前者，后者就难以出现。

而回到故事的主人公，仪式的叙事视角和方法此时也“顺势而变”。如果说，前期的跳丧仪式是对混沌初开的历史时期的英雄叙事，是一种虽有高度却无法描摹具体形态的历史标杆，那么，到了这个阶段，跳丧仪式向人们娓娓叙述的，则是一位拥有了具体行动以及丰功伟绩的民族之神。这个神，就是在土家跳丧文化中具有重大影响力的廪君。

廪君被称为巴人的祖先，在土家民族文化的叙事和流传中是一个关键性的人物。据史料记载，廪君作为巴蛮五姓部落首领，被称为巴国第一君。4000多年前的中原初夏时期，廪君出生于湖北长阳武落钟离山。他联合樊氏、瞫氏、相氏、郑氏五姓部落，组成最早的军事同盟，西进东讨，南征北战，启动了古代八国的历史车轮，把清江流域的早期巴文化，逐步传播到长江中上游地区，为实现民族团结和统一做出了重要贡献。正是因为廪君为土家族立下了汗马功劳，所以，在土家族跳丧文化的传说故事中，有大量关于廪君打仗杀敌、征服自然以及婚配繁衍的故事。如在湖北长阳县清江流域，流传着许多关于“老巴子”的神话故事，老巴子的故事原型大多源自廪君。在土家人的故事叙说中，廪君生于新石器的蛮荒时代。那时，清江流域部落众多，不同的部落之间征战不断，加之自然环境极其恶劣，对当时的巴人生存及发展是一种严峻的考验。然而，年轻英俊的廪君，凭借着过人的胆识和高大威武的身躯，不但掌握了高超的狩猎、捕食本领，而且武艺高强、无所不能。至今，民间还流传着“廪君疏滩”的故事：

清江上住着一条青龙。有一天，廪君前来疏滩，青龙看见了，就对廪君说："我看你疏滩这么辛苦，我来帮你吧。"廪君听了很高兴，接受了青龙的帮助。在青龙的帮助下，廪君劈开了72座山，疏通了72条滩。为感谢青龙，廪君决定封它为清江的河神。青龙说："我是青龙，你是白虎，我们是兄弟，我怎么能要你封官呢！"说完，青龙就走了。

后来，清江流域的诸多部落决定结盟，并决定以比武的方式确定部落联盟的首领。廪君在比武中所向披靡，征服了其他部落，最终成为部落的首领。其后，廪君率领联军开疆辟土，征战无数。在与敌人打仗时，以廪君为首领的联军常常在战前击鼓"前歌后舞"，大大鼓舞了士气，成为联军取胜的一大秘诀。廪君生前为土家族立下了汗马功劳，而其死后，也化身白虎，继续庇佑着土家子孙后代。土家人为了表达对廪君的感激和喜爱，赋其昵称"老巴子"。今天很多土家人自称老巴子，正是将自己视为廪君后代的自然体现。可以说，在土家族跳丧仪式的民间传播过程中，廪君作为一个民族的神话和英雄，一度成为跳丧文化形成、发展和传播的原动力。

（三）跳丧仪式的元故事叙事

元故事叙事被称为"故事中的故事"，指的是被嵌套在第一叙事里的二度叙事中的故事。明清至当代以来，成熟的跳丧仪式便属于土家跳丧的元故事叙事这一层级。这个时候的跳丧仪式不仅是在第一叙事"军前舞"、二度叙事祭奠仪式的基础上发展而来，还加入了很多新的元素，在原有的基础上进行了改编和创新，形成了当代具有固定范式、含有特定文化的跳丧仪式。这种已经成型的少数民族仪式向人们叙述着它成熟期的形态，以及这个阶段形态发展的历程、特点、故事和寓意等。它承接着前两层的叙事发展而来，又在历史的动态发展中酝酿着民族文化的未来叙事。

随着时代的发展，土家人跳丧仪式故事中的"影响"也随之"更新"。廪君作为原始社会的英雄原型形象，在后来社会的话语体系中出现了某些张力和矛盾，机智的土家人需要一个更"合时宜"、更贴近时代的英雄来演绎源远流长的土家文化。正是在这一背景下，到了明清时代，跳丧民间故事叙事的核心人物由廪君变成了向王天子。此时，在民间故事场域，关于向王天子的故事逐渐增多，此前笼罩在廪君身上的种种光环逐渐转移到了向王天子身上。如果说，在此前的故事体系中，廪君是一位无所不能、却与普通百姓的生活保持一定距离的神，那么，向王则是更贴近百姓、更知晓人间冷暖的王者。故事的主角发生了置换，仪式故事的叙事手段也随着发生了变化。此时的仪式故事叙事也退化了许多神话色彩，而增添了更多的生活气息。人们将神话故事与民间故事相结合，建构了一个个向王如何帮助土家人慢慢发展壮大、融入土家族日常生活中的故事。关于向王天子，土家人有如下传说：

古时候一个白胡子老头，住在一个岩洞里。后来，这个白胡子老头死了，当地人把他的尸体抬到灯芯岭安葬。刚刚下葬，白胡子老头瞬间化成一缕青烟，变成一只白虎升天。于是，人们将这个地方命名为"白虎垄"。覃氏祖先彦美公的家，就住在"白虎垄"上。彦美公勤劳善良，忠厚老实，却到了中年仍未娶妻。有一天，彦美公在睡觉时，有位器宇轩昂的天子将一把华伞递到他的手上。彦美公醒后，把伞打开，花伞里走出一位窈窕淑女。此女非常贤惠，愿意嫁给彦美公。彦美公喜不自胜，很快与美女结为夫妻，并生儿育女，子孙满堂。后来，彦美公偶然得知，赐予他花伞的王子正是向王天子。彦美公为了表达谢意，就把"白虎垄"改成"恩公湾"。

这种故事脉络，不仅符合土家民族的文化历史，还贴近族民的生活，可以增加可信度，传播效果也更好，更有利于将跳丧的文化时代意涵刻入土家民族历史记忆的流动之中。

元故事叙事作为一种"故事中的故事"，本身带有一种复杂性，一方面元故事叙事与第一叙事有依附关系，即元故事叙事是在第一叙事的基础上发展起来的；另一方面它还可以在原有叙事基础上进行很多改变和创新。发展至成熟期的当代土家跳丧即是整个叙述过程中的元故事叙事层级，相比于之前的叙述有了一些改变和创新。这些的改变和创新主要体现在三个方面。

其一，对巫文化的信仰发生了改变。在土家跳丧的二度叙事，也就是中期"绕尸歌舞"的祭奠仪式中就已经充分体现了土家人对巫文化的坚定信仰。因为当时人们对于自然界的很多事情无法解释，他们会转而以巫术来解释很多奇怪的现象,以此获得心灵的慰藉。在这一层级的叙事中,巫术地位崇高,人们对巫术坚信不疑,这在一定程度上加深了人们对土家跳丧仪式的重视和传承意识。但是在跳丧仪式的成型和传承过程中,也就是元故事叙事中,在当时的社会文明和科学已经取得较大发展和进步的环境下,巫文化逐渐失去了其重要的地位,人们也逐渐明白,很多的世间万物并不能依靠巫术来解释。因此,在现今的土家跳丧仪式中,巫文化的影响已经淡化了许多。

其二,对廪君爱情故事的改变叙事。在跳丧仪式第二个历史阶段的故事传播中,流传着大量有关廪君和盐水女神的神话故事。在故事中,廪君和盐水女神的初见是美好的,结局却是伤悲的,廪君为了民族大义,不得不亲手用箭射死了盐水女神。在当时的时代和环境下,土家族为了自己民族的发展,面临诸多挑战和抉择,大到社会,小到个人,为了民族大业必须做出各种自我牺牲。此时,仪式叙述中廪君舍爱取义的壮举,实则是以其伟大勇敢的民族英雄形象鼓励为国家牺牲、为民族舍弃"小我"的精神。到了仪式叙事的第三阶段,即在元故事叙事中,土家子民非常同情盐水女神的遭遇,也十分尊敬和敬佩盐水女神,于是人们在唱词中巧妙地进行了叙事转换,来完成对盐水女神爱情故事缺憾的弥补。如在这一阶段的土家跳丧的唱词中,就大量加入了土家情郎和痴女之间浓情蜜意、相亲相爱的美好爱情故事。它彰显的不仅仅是土家人对盐水女神情感创伤的抚慰,更多的是土家族人美好爱情观的体现,他们希望并追求美好的爱情与人世间的幸福。

其三,跳丧舞蹈发生了变化。跳丧舞蹈的很多动作都是模仿祖先的生活场景,其中一些动作与当代社会文明规范并不符合。所以,当跳丧仪式进入现代社会时间序列之中,不合时宜的元素必然会被过滤掉。跳丧仪式的元故事叙事正是对这一部分的内容进行了更新。因而,在当代土家跳丧的仪式表演中,虽然也会出现情歌对唱的场景,但含有动物交配意涵的动作模仿已经大量减少。

至此,已经可以清晰地描绘跳丧仪式分层叙事的全貌(见图 5-1)。土家跳丧仪式从诞生、发展到成熟,这三个不同阶段的叙述者讲述是有层次划分的,因为时间发展的先后关系和形态有所不同,它们的叙述并不属于同一层级,而是一层层嵌套的,后一层的讲述在前一层的基础上产生并发展的。每一层叙事在前一层叙事的基础上都有较大的改变和创新。通过土家族跳丧仪式的元故事叙事这一层面的叙述,让人感受土家人在整个社会环境的影响下,对土家族跳丧仪式做出的一些改变,这些改变与推动民族发展、凝聚民族精神的需要有关,反过来也会促进土家族在社会的大环境中更好地生存和发展。

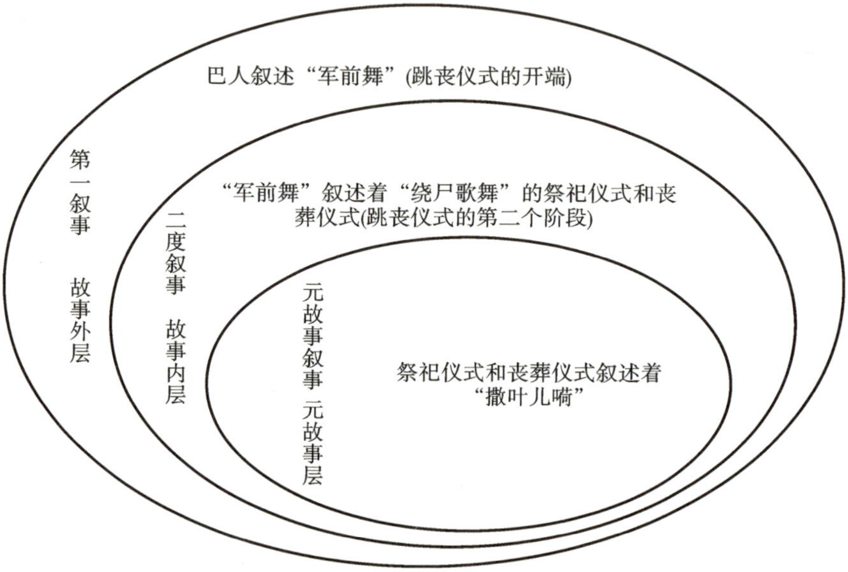

图 5-1 跳丧仪式的分层叙事

三、民族记忆的历史演义

跳丧仪式的举行为人们提供了一个互相交流、共享信息的场域,在仪式结束之后,这些信息不会随之消失,而是以民间故事的形式得以更为广阔的传播。不论是在土家族的历史典籍中,还是在土家人的历史记忆中,土家族都有许多与跳丧仪式有关的故事和传说。不管是经过文字的编撰留存了下来,还是经过土家族的口口相传成为世代相传的民间故事,这些故事都是跳丧仪式通过民族历史记忆传播的载体。根据《现代汉语词典》的注解,叙事即把事情的前后经过讲述并记录下来。就此意义而言,讲故事也即叙事事件,它通过语言或者文本的方式将故事信息传播给受众。热奈特指出,“叙事就是指讲述一个事件或多个事件的文本或话语"①。依此逻辑,土家跳丧仪式所蕴含的民族记忆和价值观念,正是通过那些承载着跳丧仪式内涵及精髓的神话故事或民间传说的历史文本进行传播的。经过时间的洗礼和岁月的积淀,这些故事逐渐被土家人熟知、讨论和认可,并广为流传。

总体而言,流传于土家山寨中的跳丧故事及其文本,至少从两个层面传递了土家民族文化的精神和内涵。其一,强化民族团结的精神内涵。如关于廪君的故事传递了这样一个信息:廪君西进开发清江,并非靠一己之力,而是得到了本民族其他部落的帮助才完成的。以廪君为首的祖先齐心协力开疆辟土,创下了丰功伟业。身为廪君后人的土家人在聆听祖先功绩的故事时,心中必是无限自豪,在一代又一代的讲述中,土家人又将这种自豪内化为自我责任,此时,民族的自豪感、向心力和凝聚力得到了加强。其二,倡导自立自强的民族精神。关于廪君英勇过人及雄才胆略的故事虽富于神话色彩,但在土家人的现实生活中却能找到原型。土家族居住在清江流域的山寨之中,以狩猎为生,而山中常有猛兽出没,对土家先民的生存构成了威胁。为了生存,族民不但要学会狩猎,更要学会与猛兽作斗争。在原始社会时期,生产条件非常落后,铁器尚未出现,土家山民就地取材,以石头磨制成石矛(即后来的石剑),用以捕捉和对付野兽等,正是这种自立自强的精神支撑着土家族最终立足于高山荒野之中。土家族这种自强不息的民族精神和民族性格,巧妙地融入了跳丧故事的传播话语体系,成为鼓励土家子民不断奋进、勇往直前的精神动力。

讲故事的一大功能就是保存和沟通,帮助受众理解故事传播的信息内容,思考和理解社会中的各种文化要素。生活中的很多知识和信息都是通过故事的形式储存、编入和提取。跳丧仪式背后的这些神话故事和民间故事传承至今,大大增强了土家人民尤其是土家年轻一代对跳丧仪式与跳丧文化的理解和普及。那些因为现代生活而对土家跳丧逐渐产生文化隔膜的年轻人,即便从未亲身经历原汁原味的土家跳丧,但在耳濡目染下,对跳丧仪式也大概有所了解,这便是仪式故事记忆传播的效果。民族历史记忆传播就是通过讲述已经形成

① 热拉尔·热奈特.叙事话语 新叙事话语[M].王文融,译.北京:中国社会科学出版社,1990.

于民族历史记忆中而又需要继续深入民族历史记忆的故事来传播信息，这种传播本质上是一种交流活动。在这种活动中，发送和接收信息的双方运用话语和文本获取意义、表达意义及建构意义。土家跳丧及其文化价值观的传播主要是借助仪式现场传播、社会空间传播、民族历史记忆传播来完成的，这三种不同的方式都达到了一定的传播效果。首先，仪式现场传播通过身体展演让土家人在亲身参与和观看中感知民族文化，并通过仪式情境的创设，实现场域内信息的交流共享和民族文化的心理认同。其次，在非仪式现场，族民通过村落自然传播和家族式传承形成了仪式在社会空间内的传播，并通过空间传播中具有象征意义的符号来凸显仪式的内涵和表达民族文化的意义。最后，通过故事讲述，完成仪式信息的二次理解和传播，增强了土家人对民族文化价值观的共识。跳丧通过仪式叙事，以及对土家族传统文化、民族信仰的层层传播，唤醒和加深了土家人的民族集体记忆。

第六章

仪式传播对民族文化价值观的建构路径

仪式传播的“召唤”功能体现在仪式结构的三个层面：一是仪式传播通过仪式现场展演的仪式氛围、仪式情境和行为营造出的表层信息，向参与者传播信息，区分民族文化和异族文化。二是仪式传播通过仪式符号的刻画和传播进行象征意义的表达。三是仪式传播将一个个具有隐喻意义的神话故事嵌入人们的心灵，使人们在情感上对人生、社会和价值观产生强烈的共鸣，形成共同的意识形态并对个体产生“召唤”，最终将文化共同体中的不同个体召唤在一起，进而实现强化社会核心价值观、维系共同体成员“机械团结”的仪式功能，形成强大的规范社会秩序的伦理控制力量。

一、以仪式展演构筑民族“神话”

仪式传播通过仪式展演，以歌、舞等形式再现了祖先生活的足迹，展现了民族文化遗存，这些民族记忆成了一种集体无意识，成了民族心中的“神话”，从而在仪式表达和内容上建构一个完整的结构和共享的空间。

仪式是人类象征体系的一种具体表现，它通过表演的形式来传达象征意义、维护其背后的权威。与文字、图像等叙述性的媒介相比，仪式更倾向于采取更直观、生动的展演形式来呈现过去，这也更有利于文化记忆的构建与传承。[①]

---

① 叶蔚春. 文化记忆：从创伤到认同[D]. 福州：福建师范大学，2018.

土家跳丧仪式活动的展演，正是推动土家族人认识、了解其民族文化并形成共同历史记忆和民族文化价值观的重要途径和渠道。首先，土家跳丧通过仪式展演的方式为民众提供了一个可以感知并交流文化信息的场域；其次，仪式现场通过肢体表演、唱词来展示仪式的形态和特征，仪式感十足的展演以生动、直接、形象、有趣的活动形式和符号载体来叙述民族文化和历史；最后，参与者在现场和展演中感知并体会到的共同民族文化和价值观念又通过人际交往、活动模仿、场景渗透、行为规范等“涵化”到自身的心灵和行为中并积淀成历史记忆，以此来凝聚共识。

在跳丧仪式的现场，参与者在阈限阶段暂时消除了身份地位的差别，只进行文化的感受和体会；在仪式结束之后，才从阈限阶段回归到日常状态，但那些在阈限阶段感知和体会到的文化会对参与者产生影响，促进文化在其记忆中的深化。

（一）感受：在仪式场域中感知民族文化价值观

仪式展演的过程就是一个文化符号和意义交织并传播的过程，这种带有固定规则和程序的集体性仪式活动，在遵守特定规则及仪式程序的展演中，对文化价值观进行描述和强化，让参与其中的人们分享意义、交流情感，帮助民众确认自我民族身份，达成民族文化认同。

跳丧仪式具有特定的时间和空间，并不是日常生活中普遍存在的形式，所以在跳丧展演的时候，参与者就会处在特定的仪式场域中，能够生动真实地感受仪式的氛围、特质和文化表现。鼓师打鼓，跳丧的人围着灵堂边唱边跳，观众也被带入这种仪式的氛围之中，在这样一个特殊的仪式场域中，无论是鼓师、跳丧的人还是观众都会参与其中，这种仪式情境将仪式背后的内涵和民族文化价值观传达给现场中的每一个人，人们在情境中感知并涵化至自身的心灵，达成民族文化的共识。这种情境力量经过仪式的洗礼以及日常生活的积累，逐渐形成土家山村的文化定势。跳丧仪式有属于自身的内容主题，它以仪式活动为载体，以民众的体验为依据，营造出属于其民族的无法模拟和复制的仪式氛围，并在这独特氛围中让族民感受仪式背后的内涵和民族文化价值观。仪式展演之所以能让族民感受到民族文化和价值观是通过仪式活动的开展和仪式的空间重构两个方面实现的。一方面，仪式活动的开展能够营造民族文化氛围，通过观看、参与具象化的特有的仪式活动，让族民感受仪式所传达的价值观和民族文化。族民感受民族文化和价值观的过程实际上也是理解、接受和认同民族文化价值观的过程，族民在仪式活动中可以感受属于土家族特有的民族文化，例如豁达开怀、热爱生活等。另一方面，仪式展演可以通过仪式的空间重构来突出民族文化氛围，仪式氛围可以在民众心中产生特定的情感影响，增加族民对民族文化认同的可能，因为无形空间在认同驱动上有时候比活动内容更有说服力。跳丧仪式所提供的独特环境和氛围，影响着族民感知其背后的民族文化价值观，在跳丧仪式中，参与者既能感受仪式展演中实在的空间环境，如灵堂、丧鼓场等，又能感受实体空间外与仪式气氛、象征意境相配套的仪式形式，如对祖先充满赞扬的跳丧动作和水词以及淡看生死的文化价值观等。

（二）体验：在仪式展演中体会民族文化价值观

文化价值观认同的形成除了受制于主体对文化的认知因素，还与主观能动性意愿有着密切联系，即主体对文化内容的切身体会以及由此产生的亲近感和信服感。在对民族文化价值观有了真切、感性的认知后，民众参与仪式展演中，进一步深刻理解民族文化，并产生满意、喜爱以及肯定的态度，经由这个中间环节，最终接受民族文化。

仪式传播通过仪式展演将个人带入与他人有意义的关系内，进而融入集体的情感当中，升华、加固既有的文化传统及共同的价值观，体现社会的一致性。仪式传播的伦理意义在于它强调仪式参与者的内在满足，通过仪式展演获得文化上的认同，使自己生活得更美好，而不是某种工具性的目的。它以共同的理解和情感共鸣为基础，属于庆祝性的、享受性的、装饰性的而非功利性的目的。参与者在仪式展演中体会民族文化价值观主要是从两个方面实现的。首先，参与者可以在角色扮演中进行自主体验。人类学家米德认为，个人正是通过角色扮演去履行一定的社会责任，并与其他角色发生相互作用。[1]在土家跳丧仪式的展演中，不同群体的族民扮演着不同的角色，感受着相似的民族成员责任感。土家跳丧仪式中有很多不同的角色，有负责打鼓、打击乐伴奏的“乐手”，有跳着带有特殊含义和韵味动作的“舞者”，有静静观看的“观众”，这些群体虽然扮演着不同的角色，但是他们都有一个共同目标，即进行这场跳丧仪式的展演。他们在扮演不同角色的过程中实则也是在充当文化价值观传递者的民族成员角色，负责讲述民族历史，传承民族仪式，在进行各自角色的任务时，他们能感受民族文化价值观悠远的历史和深邃的精神，并能将这种体验转变为一次集体记忆。其次，族民在仪式展演的集体参与中能够形成自觉归属。影响族民对民族文化身份归属感的因素有很多，例如自身的文化期待、民族文化知名度、文化环境等。社会心理学认为，人都有归属到某群体的需要，希冀在心理上得到归属感和安全感。集体交往对成员情感的交流、民族文化角色的体验有着积极的一面，对民众不断形成的民族价值观也产生了积极的作用。土家跳丧仪式正是通过这种集体性的仪式展演，通过群体影响来提升族民的归属感。

（三）沉淀：在仪式记忆中信仰民族文化价值观

处于多元文化场域中的现代民众有太多的文化选择，以至于在异质文化面前难以保持对民族的热情意识和中心信仰。“对于集体文化认同来说，共享的记忆和共同的命运感一样，对其生存非常重要。”[2]土家跳丧仪式及其承载的文化内容的唤醒和传承民族集体记忆的空间重构，能潜移默化地激发这种记忆。

跳丧仪式虽然不是日常的普遍行为，但却因为其内涵的时间节点而进行重复的参与和回顾，走“顺头路”的人去世就会跳，这种参与的历史慢慢渗透、汇聚成对土家跳丧仪式的集体记忆，再由民众对集体记忆进行选择、组织和保存。正因为集体记忆具有选择性，族民在举行跳丧仪式活动时，经常以历史的物品、具体的情景去重演或展现过去，试图构造一个将现代和过去衔接的集体记忆，

---

① 郑杭生．社会学概论新修[M]．北京：中国人民大学出版社，2003.

② 安东尼·D.史密斯．全球化时代的民族与民族主义[M]．龚维斌，良警宇，译．北京：中央编译出版社，2002.

对仪式进行传承，同时也是对民族文化价值观的信仰和延续。同时，这种集体记忆为一个群体所特有，具有排他性。一个民族如果没有共享的集体记忆，那么这个民族在文化认同和身份认同上就很可能出现障碍。一代又一代人对民族特殊仪式的回忆、讲述、反思和重构，对历史文化的传承和民族文化价值观的理解与传播可以起到深层次的影响作用。例如，每当有走"顺头路"的人去世，族民都会自发前往为逝者跳丧，族民在一次又一次的仪式展演中不断重复回忆，进而内化成集体记忆。表演、复述可以形成关于仪式的集体记忆，而通过文字、服饰、道具等符号系统则可以传递和保存仪式信息。就这样，在一次又一次集体记忆的形成中，族民也加深了对民族文化价值观的理解和信仰。

二、以仪式符号强化民族文化认同

仪式传播通过仪式符号作用，将不同民族社会发展过程中的社会政治意识形态转化为象征性意义生产，最终在符号层面上达成经验的共享及对民族文化的认同。

杜威认为，传播并不是将知识简单地传递，而是通过象征意义的符号赋予知识更为丰富的意义，知识则通过意义的传递构成传播的仪式场。在仪式自身构建的信息场域内，仪式本身的表达和传播主要是通过各种仪式符号的隐喻，即其内涵的象征意义来进行的，因此，仪式符号及其意义共同建构了仪式。特纳认为，仪式是与一个社会文化形态和交流勾连在一起的一种"象征符号"，它也是人们日常生活中一个庞大的文化符号系统，为人们具体的日常传播行为建构了共同的社会意义空间，人们在这个符号系统内塑造"共同情感"，维系文化共同体的稳定，同时也向共同体外部成员传达本群体的各种价值观念。在社会变迁的过程中，一方面，人们创造了新的仪式及意义以满足特定的诉求；另一方面，一些仪式逐渐渗透到人们的日常生活并超越了其原本的神圣领域，成为"为仪式而仪式"。

符号互动论认为，人类互动是基于有意义的符号之上的一种行动过程，意义不是来自事物本身，而是来自与他人的互动。而符号之所以能作为人类社会互动的工具，是因为人类在使用符号的过程中赋予了符号以规约性的意义。土家跳丧仪式中的符号是仪式及其民族文化的表意系统，它被赋予了许多独特、深层的象征意义，成为显示民族文化特殊性的表征，这些仪式符号可以作为一个共同点，使参与者生发出相似的经验与情感，增加成员之间的联系和羁绊。跳丧仪式本身是一种非常态行为，它与日常生活的行为模式截然不同，能够轻易与之区分开来，举行仪式时所穿戴与使用的是日常生活中基本不会用到的服饰、乐器与法器，参演人员甚至被要求使用早已被日常生活淘汰的古老语言。这些都成了有形的符号，成为文化记忆的重要载体，这些仪式符号不仅记录和保存了远古人们的生活记忆，也通过展演和重现的方式体现出共同体成员之间的一致性。在集体生活中，人们总是倾向于寻找与他人的共同点，仪式符号的存在恰好满足了这一需求，相同的仪式符号能让人们找到相同点，这也有助于人们产生对该共同体的认同感。按照符号依附生成的载体不同，可将土家民族仪式的文化符号大致分为三类：一是蕴含着仪式深刻内涵的图腾及传说，二是仪式中展现的道具服饰，三是传承仪式和记忆的标志场所。这些仪式符号相互呼应，形成一个关于仪式和民族文化价值观的象征符号系统。在这个象征符号系统中，参与者感受着相同的经验和情感，并逐渐强化民族认同。

（一）示象符号：凸显图腾崇拜文化

土家跳丧仪式善用一些意义符号来作为仪式的象征和标志，尤其是对图腾符号“白虎”的意义化。白虎在土家族民心中是神圣勇猛的神灵代表，于是跳丧仪式就借助白虎符号进行刻画并赋予其仪式意义。跳丧舞蹈动作中对白虎动作的模仿、印有白虎图案的服饰、在脸上画白虎的图案，这些都是对白虎符号意义的输入，让族民知道白虎是与他们民族有着紧密联系的神灵祖先，土家族民要像白虎一样勇敢无畏。久而久之，这种具体、可感、形象的白虎符号就成为土家跳丧的标志图腾之一，它既透露着一种虔诚的、源远流长的民族信仰和民族崇拜，也唤起一切有关历史的、共同的民族往事和民族记忆。白虎既是图腾，也是宗源；既是表现符号，也是内涵载体。传播学者杰罗米·玛尼斯与伯纳德·梅尔策认为，人们通过给他们的经历赋予意义来理解事物，人类的知觉总是受到一个符号过滤器的控制，意义产生于社会团体间符号的交换之中。人类在其传播中使用符号，符号受到接受者的解释，这使得意义成为社会生活的核心。①“白虎”这一符号的运用是土家族的民族信仰以及民族心理的折射，“白虎”作为一种符号不但象征着一种信仰，更象征着一种制度和规范，对白虎的崇拜就是对这种制度和规范的服从。白虎是土家族人心中勇猛高尚的祖先的化身，被土家族奉为民族的神灵，所以跳丧中“白虎”这一图腾符号的使用满足了土家族人对祖先和本民族神灵的尊敬及期待，这种符号对他们起到精神信仰的作用。土家族人对“白虎”这一符号赋予了共同的意义，因此也会对赋予了“白虎”同样意义的土家跳丧仪式进行认可和共享，在这个群体中，成员通过“白虎”等其他具有意义的符号，形成在仪式传播中对共有符号和意义的认知，这种共有的意义认知代代相传，成为至今仍维系着社会和民族稳定和谐的符号因素，增强了民族的凝聚力和向心力。

（二）物象符号：独具民族特色的器具服饰

跳丧仪式中，乐器和服饰都是必不可少的重要道具，其中“鼓”是具有代表性和统筹性意义的道具。鼓一般以椿木和牛皮研制而成，有固定的大小和形状，一般为十几户人家集体定制、共同拥有，不跳丧时则由专人保管。除了鼓之外还有唢呐、土笛等各种乐器。作为传统符号的“鼓”以及各种吹打乐器，在符号意义上只是一种工具，而在跳丧仪式活动上，这些符号具有不容更改和侵犯的神圣性，代表着民族的文化。土家祖祖辈辈对本民族文化物象符号的珍视，也是其对民族文化的认同，是民族文化深厚感召力和凝聚力的体现。同样服饰也是如此，跳丧仪式有其特定的服饰和装扮要求，当然服饰也会随着时代的变化而呈现不同的特征，从早先的特定着装，到后来的简化，这种变化说明在土家人遵守仪式的各种规则的同时，仪式的象征意义也在随着时代发展而发生变化。从仪式的象征层面上说，跳丧仪式以象征符号所引发的情绪和动机，与象征符号的系统变数意义相互强化，由此，土家社会生存世界与想象世界借助象

① 斯蒂文·小约翰.传播理论[M].陈德民，叶晓辉，译.北京：中国社会科学出版社，1999.

征符号形式得到融合。这些象征符号是土家族民族精神的象征，是土家人意识形态上的价值和意义的共享。在仪式活动中，这些符号的共有加深了参与者之间的交往和合作，也进一步促进了他们对民族文化的认同。参与者穿着同样的服饰，用着同样的道具，感受着同样的文化和信仰，获得共同的心理体验。他们通过这些仪式符号获得心理和信仰上的支撑，表达内心的情感、渴望和理想。在这一过程中，仪式符号发挥着其特有的隐喻功能，潜移默化地使民族文化得以传承和信仰。直观、感性的道具和服饰等文化符号在仪式中被证实、被培育、被传递，而民族符号背后长期积淀起来的民族集体的价值观、心理结构、情感需要、集体精神，在成员的相互交往中慢慢滋养并涵化新成员，逐渐形成一致的民族文化心理。

（三）情境符号：促成集体记忆的仪式场所

任何一种场所尤其是仪式场所都是为某种规则或功能而建立的，在进行仪式活动时，仪式场所是被特意划分出来并被指派特定功能的空间，处在这个特定空间内的人们会获得共同的记忆。土家跳丧仪式所涉及的广场、灵堂等标志性地点，作为重要的集体记忆场所，其所拥有的记忆是仪式参与者与所在地区客体在时间的相互作用中形成的。记忆使得地区中存在的纯粹物理空间变成具有历史意义、民族意义的场所，同时融合了变迁的时间和世代的认知，通过以聚集性地点作为记忆载体，使关于仪式和民族文化的集体记忆得以产生、流传和强化。除了原始的日常生活功能，广场、灵堂等标志性地点还具有记忆载体的功能。跳丧仪式是一种集聚性活动，必须依托一定的标志性地点来进行，而当民众在这些标志性地点举行仪式活动时，重要的空间节点和时间节点相对接，能够产生丰富的群体记忆和强烈的凝聚力，增强民族认同。正因为这些民族仪式活动具有时间和空间节点，所以具有时空限制，而特定的时空限制正是这些民族仪式区别于其他类型文化事象的重要标志之一。这种时空限制不仅出于单纯的地理原因或自然原因，更有深厚的社会因素如社会制约、伦理道德以及特有的民族特质等，所以仪式场所也布满了特定的意义内涵。在这个布满特定意义内涵的时空里，参与者都会享有共同的文化、记忆和行为，时空符号系统有助于参与者更深入地认识和了解土家民族文化和社会的结构形态和事件形态，在统一的时空限制下进行的共同行为是对民族共同文化接受和认可的过程，而参与者也在对共同文化和行为形成记忆的过程中逐渐增强民族认同。

三、以仪式共享形成民族文化价值观的传承

仪式传播通过仪式叙事，形成以特定的历史、文化、传统、习俗、信仰组合而成的历史文化心理空间为“中心场域”，以土家现场仪式传播、土家社会历史空间内的传播为两个“次级场域”，促进土家技艺、民族习俗的横向传播，并以仪式为媒介，完成文化价值观的扩散与传承。仪式借助其特有的召唤、共享、凝聚功能，勾勒出土家社会的价值谱系，使其代代相传。

叙事贯穿于社会互动与自我表达之中，既是建构日常生活秩序、形成自我身份的重要途径，又是二者在语言和文本上的动态展现。跳丧仪式中叙事所形成的传播模式为：以仪式为中介，在仪式现场及仪式外的社会空间内借助话语和文本传播信息和文化，促进族民对民族文化价值观的认同。

（一）仪式现场的信息共享

土家跳丧仪式中蕴含着很多关于民族的文化和习俗，但其最直接的展示方式是通过仪式现场的展演来进行叙事。在仪式现场，民族仪式通过歌声和舞蹈再现了祖先生活的足迹，展现了土家千百年的民族文化遗存，在现场形成了民族文化信息共享，并通过不断的重复和仪式的阈限性，在仪式结束之后依然对土家人有着深远影响，这些点滴民族记忆便成了一种集体无意识，成了土家人心中的神话。作为传播中介，跳丧仪式在对文化进行叙事时，必定承载着特定的传播内容，这一内容正是仪式中的歌舞展演，跳丧仪式的歌词和舞姿中有许多内容涉及土家人的生活和文化事象，这些内容不仅是跳丧仪式的历史由来，同时也展现了土家文化的变迁。跳丧仪式中的歌舞内容极为丰富，有情歌、农歌、叙事歌等，从民族迁徙到现实生活，从历史人物到山川风景，从传说故事到猜谜打趣，无不涉及。这些歌词和舞蹈动作以及仪式的各种规范和习俗不仅有

对民族起源的阐释和对祖先业绩的赞扬，还有对男女情感的传唱以及对白虎等图腾的歌颂和膜拜。仪式现场的歌者和舞者在唱跳的时候都会将自己的情感融入并深刻体味歌舞背后的民族文化和深刻内涵，通过仪式性的操演与舞蹈进一步激发祖先意识、民族情结，强化土家族人的历史记忆与族群认同。

（二）社会空间共享

土家跳丧仪式的传播除了通过现场展演进行叙事之外，以仪式为媒介，通过仪式背后的神话传说和故事原型来进行土家社会历史空间内的传播，完成对土家民族文化价值观的扩散与传承。仪式借助其特有的召唤、共享、凝聚功能，勾勒出土家社会的价值谱系，使其代代相传。土家跳丧仪式本身就是记忆的表征，保存着过去的同时又借助过去留下的传说、物质、仪式和传统，强化了群体成员间的集体记忆和土家族人对跳丧仪式的族群认同。

叙事转向继承了语言学转向中的建构主义视角，强调语言与文本的社会建构功能，强调语言和文本的地位作用，认为事实是符号和语言的建构物，经验世界亦是语言的社会产物而非外生的客观存在。土家跳丧仪式的叙事传播正是借助话语和文本来完成的。借助故事传说，这些故事形成了土家族人的历史记忆，在口口相传和代际传承中促成了民族文化的传播。这些故事和传说并非由族人胡编乱造而成，而是根据民族历史及祖先的口口相传发展而来，因其与民族风俗和历史文化十分吻合，又由土家族祖先传承下来，族民自然对这些故事十分相信，这对跳丧仪式中的故事话语叙事起到了推波助澜的作用。所以说，土家跳丧仪式中的话语叙事通过讲述包含民族特性和传播效力的民族故事来传播土家民族文化，并使得族民在这一过程中对民族文化有了更深的感知和认识。同样，这些历史故事不仅孕育出大量的民族仪式，也促使仪式得以传播和传承。

格里·菲里普森（Gerry Philipsen）归纳出四种传播方面的文化种类分析的假设：第一，一个当地文化社区的成员创建共同的意义，他们使用有某种共同理解程度的代码。第二，任何文化群体中的传播者必须协调他们的行为，对传播中做什么一定要有秩序或系统。第三，意义与行为对不同的群体是有特殊性的，换句话讲，它们在不同的文化中是不同的。第四，不仅仅是行为与代码的类型在不同的群体中是不一样的，而且每一个群体还有它自己的认识某种代码和行为的方式。[①] 这种借助话语叙事对民族故事进行传播是指在土家社会历史空间中为跳丧仪式建立一个共同的文化社区，在这个社区中的人们听着同样的故事，对这个“共同的文化社区”内的信息进行共享和传播，此时这个共同理解程度的代码就是有关跳丧仪式的故事传说。在这个系统内，通过这些对族民来说拥有特定内涵及深信不疑的故事传说，族民感知跳丧仪式背后的内涵，感受土家族这种乐观豁达的生死观和积极向上的人生观，这些故事传说形成土家山民共有的代码，成为他们在日常生活中理解、建构跳丧仪式价值和意义以及土家民族文化信息的群体引力。由此，土家跳丧仪式可以作为人们日常交往的信息积累、交换，而不仅仅作为特殊的仪式得到社会系统内的长效传播。也就是说，跳丧仪式通过讲述包含民族文化的故事来进行民族文化信息的共享和传播，并且这种叙事的力量是强大的，因为这种叙述存在于土家社会历史空间内，能够使族民将其感知的民族文化信息刻印在记忆中，于是，跳丧仪式所蕴含的民族文化在土家山村社会得到了保存，仪式的传播得到了延续。

（三）文本共享

跳丧仪式中的话语叙事是以口耳相传的方式传播民族仪式和历史文化的，而文本叙事则是以延续性的方式将民族仪式和文化中基本、本质的内涵以文字的形式表达和传承下来。相比于话语叙事的活态传播环境，文本叙事更多地表现为一种静态传承环境。文本叙事将话语叙事中的故事借用到文本中并不是为了割裂两种叙事环境之间的联系，而是为了更好地发挥故事的叙事能力和传播效力。将跳丧仪式蕴含的神话故事和民间传说通过讲故事的方式叙述出来，然后再将这些故事和传说记录在仪式的丧词中，有助于人们记忆和传承。“撒叶儿嗬”中的水词能被族民认同并记住，很大一部分原因是水词中的文本内容是对土家民族历史、文化和价值观的反映，水词借用廪君、向王天子等祖先的故

---

① 斯蒂文·小约翰. 传播理论[M]. 陈德民，叶晓辉，译. 北京：中国社会科学出版社，1999.

事宣传了民族团结、勤劳勇敢、自立自强的美好品质，同时也特意渲染小伙与姑娘的美好爱情故事来传达对族民收获美好爱情的祝愿。这些与土家族有关的民族文化便是通过水词中的文本进行传承。长阳资丘镇文化馆馆长在接受访问时说道："'撒叶儿嗬'也可以算得上是一个艺术，其中的水词也能算得上是一部属于土家族的文学作品，因为水词中蕴含的内涵和展现的文化十分丰富，而且水词除了具有传统文化的一般功能之外，还能传播和传承民族文化。了解跳丧的人对水词中的内容都有一定了解，跳丧通过这些水词不仅能展现民族文化，还能凝聚人心，增强民族团结和民族向心力。"

跳丧仪式中的水词文本都是土家人生活的点滴积累和文化事象的承载与反映，人们在水词文本中感受的是同样的生活体验和人生经历，交流着彼此对生命的理解和感悟，也感知和认同着同样的民族文化。水词能够得到认可、传承并进行巧妙的转换，足以说明其文本叙事强大的传播力，也正是土家族民这种逻辑思维和对美好民族文化的追求让其拥有了良好的心态，促进了跳丧仪式的传承和民族文化的传播与民族认同。

总体而言，土家跳丧仪式的传播主要是通过歌、舞、环境、人四个核心因素，将特定的意识形态植入土家社会的历史文化中，仪式中土家民族文化价值观的建构也以这几个核心概念为基点，通过仪式现场的身体展演以及带有象征性的仪式符号进行传播和叙事，使族民逐渐形成心理认同。一方面，跳丧仪式的现场展演和文化符号共同承载着土家民族文化的共同要素，诸如共同的历史记忆、共同的心理意识和共同的行为方式；另一方面，土家民族文化的共同要素通过跳丧仪式的传递而得以集中和充分的呈现、循环以及不断的强化，这些传递也就是指对价值观、象征符号、记忆以及诸如此类的东西的证实、培育、选择、确定、保存和灌输。① 与之相对应，跳丧主要通过仪式展演、仪式符号、仪式叙事三个方面，对土家文化价值观进行孕育、认同和传播。

---

① 刘莉．全球场域中民族文化符号的传承与创新[J]．广州大学学报(社会科学版)，2010(12)：52.

第七章

仪式传播形态嬗变及文化价值观的现代性培育

一、跳丧仪式传播形态的改变

仪式作为文化观念和社会经验的中介，不仅表述社会结构，更是社会文化变化的重要机制，是民族文化基因的携带和传播载体。然而，当前土家族乡村文化体系中的仪式传播体系，不论是传播语境、传播形态还是仪式内涵，都发生了巨大的变化。跳丧仪式产生于土家族的社会生产实践，受民族历史风俗、自然环境和文化生态结构等影响。随着社会的变迁，跳丧仪式从外在形式到内在情感表达都在悄然发生改变。

土家族跳丧仪式除了与土家族对祖先崇拜和尊敬的思想文化有关，其仪式本身也涉及一些巫文化甚至生殖崇拜。土家族的祖先无法解释天地孕育万物的道理，于是便从巫术里找答案，从神鬼里寻找安慰。他们生病时无法根据病症得到良好的治疗，也与当时的自然环境有关，人们无法隔绝自然界的病菌，于是只好向巫师求助。到了封建社会时期，土家人多数居住在深山之中，自然环境十分恶劣，飞禽走兽对其威胁极大，所以土家人骨子里对猛兽便有畏惧心理，尤其是以“虎”为代表的猛兽，土家人对“虎”有着天然的敬畏之情，无形中人们将对自然的抗争转换为对巫术的依赖，巫术成为土家族对抗自然的心理信仰。现代社会交通便利、科学技术发达，土家族的跳丧虽然仍具有巫文化再现这一特点，即无论是丧葬步骤还是跳丧这一环节，都有一些巫术表演，比如在入殓前巫师会对逝者“施法”，但是经过时代的变迁，巫文化元素已经衰减，更多呈现的是一种生活化的气息。现代跳丧作为一种仪式，淡化了巫术的色彩，逐渐融入土家人的日常生活中，表演的形式和心态也从严肃逐渐转化为轻松，多了观赏和娱乐的元素，成为一种消遣和娱乐的生活方式，它完成了文化祛魅，融入了人们的日常信仰。通过神话叙事的文化祛魅，巫文化涉及的一些与当下社会语境不符合的神话元素由此得到弱化，甚至是解构。

当前，土家山村经济和消费模式的改变影响了土家跳丧的传播语境，在现代物质化生存的浪潮中，土家族的经济不断发展，生产力逐步提高，经济条件的逐步改善带给土家族民在生产方式、社会经验、个体心理和价值观等方面的改变。除此之外，社会交往方式的拓展对土家跳丧仪式的传播和传承带来了不小的冲击。各种先进媒介技术手段的出现改变了族民们的交往方式和思维方式，手机、互联网方便人们远距离交流的同时也弱化了族民近距离间的交流。人们通过手机、网络就能实现沟通交往的需要，因而不再愿意通过跳丧等民族仪式来增进民众之间的情感交流和沟通，也不再愿意从网络的乐趣中抽离出来去遵守和进行程序复杂、步骤繁多的民族仪式。在这样的环境和背景下，土家跳丧仪式的传承氛围严重淡化，跳丧仪式的传播形态也发生了变化。在跳丧仪式的总体样貌上，除了土家山寨里村民们自发的跳丧仪式之外，还衍生出了其他的跳丧形式，其中比较典型的是专业化的跳丧、商业化的跳丧和娱乐化的跳丧。

（一）专业化的跳丧

所谓专业化跳丧，指的是由“专职”的跳丧人员组织成跳丧队伍进行的跳丧。如前所述，由于土家山寨社会环境的变化，导致跳丧技艺失传，大多数土家族的年轻后代不会跳丧，跳丧在传承上出现严重的“断代”现象。于是，为了维持“热热闹闹陪亡人”的土家习俗，不少人家在老人亡故时，往往会专门花钱请人来帮忙跳丧。专业化的跳丧队伍正是在这样的大背景下应运而生。专业化的跳丧具有一定的商业性质，其表演组织主要为民间跳丧文化艺术团。民间跳丧文化艺术团是民间自发组建的非官方组织，大多没有严格的规章制度。成员多是由当地跳丧爱好者组成，他们平时在家务农，当周围乡亲家里有丧事并受到邀请时，他们便会前去有偿跳丧。跳丧的费用一般按场次“包干”计费，时长也有规定，一般从当天傍晚到次日凌晨，持续时间约12小时。以笔者观察对象之一——长阳县资丘镇张言科跳丧文化艺术团为例，艺术团每年受邀跳丧少则50场，多则100场，每人每场获得报酬100元至300元不等。扣除交通、服饰等成本费用，每人每年跳丧收入约5000元。假若单纯以时间成本计算，跳丧艺术团成员报酬相对于其付出的时间和体力而言，其“性价比”是非常低的。然而，艺术团成员对自己的这份“工作”却饱含热情。访谈中，这些土生土长的土家人坦言，他们加入专门的跳丧队伍，并不是为了赚钱，而是出于个人喜好，更为重要的是，他们想为本民族的民俗文化传承尽一己之力。可以说，民间跳丧艺术团的跳丧是土家原汁原味的跳丧的另一种“形式”，仪式的场景、地点和程序和自发的跳丧仪式并无二致，因此从某种程度上说，这是土家跳丧仪式的一种“自救”。

（二）商业化的跳丧

如果说民间跳丧团队呈现的是以本民族文化传承为己任的半商业化性质，那么，脱胎于“撒叶儿嗬”且被大量改变并包装、继而搬上大众舞台的巴山舞则是跳丧仪式商业化发展的极致表现。巴山舞是由长阳民间舞蹈工作者覃发池于20世纪80年代创作的舞蹈，其创作灵感及舞蹈元素皆来源于跳丧仪式，巴山舞的总体动作和音乐元素与土家跳丧仪式有许多共通之处。2000年，巴山舞获得全国第十届“群星奖”广场舞金奖，巴山舞也由此名声大噪，很快被作为一种健身舞蹈在全国推广，巴山舞演员们也因此经常受邀到外地表演。此外，巴山舞也常常在恩施土家族的各个民俗文化村里进行商业表演。为了增强表演的真实性和影响力，巴山舞往往和“撒叶儿嗬”进行捆绑表演。即在巴山舞的同场次表演中，民俗文化村也会邀请少量专门从事跳“撒叶儿嗬”表演的个人来进行表演。在这种表演场景下，跳丧仪式因为被过度包装而“脱胎换骨”，表现出了强烈的商业性特征。

（三）娱乐化的跳丧

娱乐化的跳丧主要表现为广场“撒叶儿嗬”和校园“撒叶儿嗬”两种形式，其中广场“撒叶儿嗬”最为常见。跳丧原本应该是有老人去世且走顺头路时才可以举行，但是部分族民由于喜爱跳丧或者认为跳丧可以强身健体，于是跳丧便发展成了每天都可以跳且随时随地可以跳的广场“撒叶儿嗬”。只要天气允许，每天晚上的八点至十点，长阳广场上都会出现一群跳“撒叶儿嗬”的人，这支队伍的人数一般固定在50人左右，男女都有。这种广场“撒叶儿嗬”与跳丧仪式的本质有较大差别，很多喜爱跳广场“撒叶儿嗬”的民众是持支持态度的，当问及一位跳了两三年广场“撒叶儿嗬”的舞者，她激动和开心地说：“这个东西我是很喜欢的，也是支持的，因为跳这个有很多好处，除了可以强身健体之外，还能和朋友们一起增进感情，多了很多乐趣。并且跳丧在我们这越来越少了，把‘撒叶儿嗬’放在广场上跳也是为了不让它消失，让人们能记住跳丧。”显然，无论民众是出于强身健体的需要，还是为了寻求乐趣或是不想“撒叶儿嗬”消失的考虑，广场“撒叶儿嗬”的存在都足以说明跳丧对土家族民的深刻影响。

除了民众自发形成的广场“撒叶儿嗬”，还有政府官方组织的校园“撒叶儿嗬”。2008年，长阳县资丘镇开展了“民族文化进校园，民间艺人上讲堂”的活动，当地中小学纷纷将“撒叶儿嗬”设置为一门课程，感兴趣的同学可以选修，这一做法其实是政府为土家跳丧传承所做的一些努力。学校领导也纷纷强调，“撒叶儿嗬”本身就是土家民族的习俗和文化艺术，学校作为教育场所，具有传承的责任，并且这类活动可以强身健体，丰富学生的课余生活。校园“撒叶儿嗬”的发展使得大部分的在校学生都会跳“撒叶儿嗬”。

土家跳丧仪式现今的形态与之前相比已经发生了很大改变，并且缺失了一些韵味和仪式该有的氛围，但跳丧仪式面临的传承困难也引起了政府和族民的关注。跳丧仪式衍生出的商业化跳丧和娱乐化跳丧这两种新的表现形态，虽然与原生态跳丧有一些区别，但这些形式的出现也恰恰是在为民放习俗的传承和保护另辟蹊径。专业化跳丧中的民间跳丧艺术团、表演队及拥有很多关注和荣誉的巴山舞，以及娱乐化跳丧中的广场“撒叶儿嗬”和校园“撒叶儿嗬”，都是为了留住土家跳丧而创造的新的表现形态，这与政府出台政策的直接保护不同，它们是族民对跳丧仪式的间接传承，这种传承方式的转变也从侧面反映了土家跳丧对族民的深刻影响和作用。

二、土家跳丧仪式情境的变化

（一）仪式传播空间的变化

从仪式空间上讲，土家族跳丧的仪式空间是亡者家中，也即在土家山寨的村落之间。前文提到，跳丧的社会传递方式是以家庭和村落为基本单位，由长者教授年轻一代相关传统技艺。当地年长者以跳丧仪式为中介，将仪式包含的信息在土家族内部家庭中进行扩散，并逐渐形成网状扩散，散布至整个土家族文化社区，一遍遍重复的仪式展演强化文化信息的传播。诚如詹姆斯·凯瑞所言，"传播的'仪式观'并非直指讯息在空中的扩散，而是指在时间上对一个社会的维系；不是指分享信息的行为，而是共享信仰的表征。在仪式观中传播一词的原型则是以一种以团体或共同的身份把人们吸引到一起的神圣典礼。传播的起源以及最高境界，并不是指智力信息的传递，而是构建并维系一个有秩序、有意义、能够用来支配和容纳人类行为的文化世界"①。因为传播的作用不仅仅是分享和传递信息，更是为了构建一个有秩序、能够容纳理解和包容人类行为的文化世界，所以传播是为了将团体或者共同身份的人召唤在一起去参与神圣仪式典礼，以此在时间维度上对社会产生一些维系作用，长此以往，仪式传播将会不断延续。跳丧在土家族的延续和传播，必定要由家族年长权威者自觉传播，从而让土家族村落能够形成一个共同的文化社区。在社区中，年轻人相互传播跳丧信息，建立起共同的身份，强化对土家民族的身份和心理认同。在土家山村，跳丧本来只在有丧事时才能跳且不可在野外跳丧，俗话说"野外跳丧，

① 刘建明."仪式"视角下传播研究几个关键概念被误读现象研究——与郭建斌教授商榷[J].国际新闻界，2015，37(11)：64-74.

家破人亡”，但是在土家村落中，有的年长者为了能让家里的孩子学会如何跳丧，便稍稍违背了规矩，即在野外教学，只唱不跳。当代土家人略微打破了跳丧仪式与外界的界限，由此仪式和非仪式的界限有了裂痕，神圣和世俗也不再分割，跳丧在土家人的日常生活中不断通过仪式展演进行信息的积累与交换，从而得以作为仪式在土家族村落中长效传播。

（二）跳丧仪式传播社会语境的演变

从仪式社会语境角度出发，和着鼓点边舞边唱是跳丧的主要特色，歌曲、舞蹈、乐器是跳丧仪式的基本组成形式，土家人通过歌曲和舞蹈再现了早期祖先的生活。跳丧歌谣涉及土家人生活和文化的内容，展现了土家族几千年的文化变迁。最突出的例子便是跳丧的歌本唱法。跳丧的歌本唱法分为两种：第一种是“正本”歌词，即跳丧流传下来的传统歌词，这类歌词保存较为完整，一般不会轻易修改；另一种是“水词”，多为唱者即兴发挥。目前跳丧仪式上的唱词多为口头传播，极少有固定的文字手写版，土家艺人有时也会创作一些唱词或者根据当时的社会语境进行改编，如此一些跳丧唱词才可以在后世流传下来。

仪式需要在一遍遍重复中不断进行信息的扩散，才可能在变迁的社会语境中流传下来，在这一过程中必定会经历筛选、遗落、创新。20世纪80年代，西方的摇摆舞开始在中国城乡青年人中流行，在少数民族中亦然。此时，一些文艺工作者的思想也在悄然转变。以土家族跳丧为例，土家族跳丧一开始有严格的规矩需要恪守，即只能男性跳、有人去世才能跳、不可在野外跳等。但是一个现实的问题却摆在土家人面前，即不改变这些规矩，便无法扩大跳丧的受众范围和应用范围。因此，必须打破这些特殊的禁忌和迷信的观念。巴山舞是“撒叶儿嗬”在摇摆舞盛行的特定的历史条件下的一种“转基因式”的生存状态。在结构上，巴山舞打破了原始跳丧中许多旧的程式和流行区域的界限，吸取各地精华，通过提炼加工，实行综合利用，重新组合而成。例如，“风摆柳”是由前河资丘跳丧中“倒叉子带犀牛望月”和后河资丘跳丧中“怀胎歌”的一部分动作组合起来的，跳起来更优美、抒情；“四合”由跳丧中“杨柳”“四大步”“待尸”“摇丧”部分有特点的动作组合而成，显得十分欢快；“半边月”是对跳丧的“叶儿荷”做了大胆取舍，选用适应新编集体舞的几个动作提炼美化而来的，集体舞的味道比较浓厚。而在音乐上，巴山舞保留了原始跳丧鲜明的节奏和有特色的鼓点，选用当地人民所熟悉的与舞蹈情绪相吻合的山歌、民歌小调为基调，加以适当发展，并加进弦乐伴奏。如“半边月”的音乐就是山歌中的“对声子”，“风摆柳”的音乐是一首老的“十杯酒”的民歌，“靠身子”的音乐是民间流行的花鼓子歌。[①]巴山舞强调动作的活泼和诙谐，带有极强的表演性质和戏剧效果。巴山舞是集民众性、时代性、娱乐性和艺术性为一体的表演，它去掉了跳丧乐曲中“丧”的一面，并且不再是男性的专利，男女皆可跳，而且多是成双成对的跳，人人可学、人人可跳，性别、场域、事件不再是限制。巴山舞的诞生是土家族文化的自救，但不可避免的是土家族文化的性质有一部分改变了，巴山舞开始向商业化、世俗化过渡。巴山舞如今是长阳民族歌舞里的固定节目，每周都会为游客表演。如何平衡商业化的运作和土家民族文化的核心，仍是土家人需要继续思考的问题。

（三）仪式情感与目的的杂糅

从仪式展演所表现的土家人的思想情感而论，原始的跳丧活动仪式一直遵循着跳丧舞是为了逝者而跳的观点，是一种尊重逝者和丧家的礼俗，他们希望逝者能热闹开心地走完最后的顺头路，希望逝者在入土前能再次体会人间的热闹，也希望未亡人能淡化亲人逝去的悲伤，快乐健康地活下去。《隋书·地理志》记载：“其左人则又不同，无衰服，不复魄。始死，置尸馆舍，邻里少年，各持弓箭，绕尸而歌，以箭扣弓为节，其歌词说平生乐事，以至终卒。大抵亦犹今之挽歌。歌数十阕，乃衣衾棺敛，送往山林，别为庐舍，安置棺柩。”从该记载可以看出，早在一千年前魏晋南北朝时期，淳朴的土家族民就以“绕尸而歌……其歌词说平生乐事”的形式展现了面对死亡哀而不伤的态度。元末长阳《桃山田氏族谱》卷首记载：“我始祖落籍桃山，地虽偏僻，风却古朴，如巴里郢腔，即十姊妹与打丧鼓歌等类……”明嘉靖《巴东县志》亦云：“临葬夜，众客群挤丧次，一人擂

① 黎力.湖北长阳土家族“跳丧”仪式的演变[J].寻根，2007(4)：110-113.

大鼓，更互相唱，名曰唱丧鼓，又曰打丧鼓。”清朝《巴东县志》记载：“旧俗，殁之日，其家置酒食，邀亲友，鸣金伐鼓，歌舞达旦，或一夕或三五夕。”从这些文献记载可以看出，土家跳丧有着一条清晰的思想情感脉络：悼念民间亡灵，为丧葬而舞，生者或以舞或以歌悼念亡者而后人得安康，即死者为大。

如今，随着跳丧形态的变化，跳丧目的也变得多元、混杂。笔者的田野调查显示，如今，在土家族群聚集地，跳丧的场域发生了很大的改变。如果说，从前的跳丧只局限于土家村落的灵堂之上，那么，在当下，跳丧的场所变得更为宽泛，除了村民家中，学校、广场、民俗文化村等公共场所也逐渐成为人们跳丧的“阵地”，“野外跳丧，家破人亡”的民间禁忌已经被现实打破，人们跳丧的目的已经不再单纯为了祭奠逝者，而是更多掺杂了现代人的各种诉求。如学校里师生将跳丧视为强身健体的“选修”运动，广场舞者则将跳丧等同于其他健身舞种，跳丧只是为了锻炼身体或者祛除病痛，而对那些专门从事跳丧表演的“专业人员”而言，跳丧则成为了其谋生的手段。跳丧的初衷已经脱离了原始土家村落的仪式民俗规约，呈现出更为浓厚的功利色彩。

随着跳丧目的的多元化，跳丧舞蹈所传达的人民情绪和思想情感也变得不那么纯粹。跳丧过程重视的是人与人的互动，通过舞蹈或歌声和观看者进行情感上的沟通，舞蹈表达的情感是热烈的，甚至是激烈的。即使是“丧事喜办”，这个“喜”也并不是单纯的开心，它的情感浓度是强烈的。土家族人又歌又舞的跳丧表演形式是集体陷入无意识的狂欢中，宣泄无处释放的复杂的情绪，这种复杂的情绪掺杂着或是对亡者的悼念和失去亲人的悲伤，或是发泄对未知死亡的恐惧。博厄斯认为，每一种文化及其组成部分能够保留下来，都有其价值或有用性，正是这种价值的存在才能保留下来①。随着跳丧的地点发生了置换以及跳丧初衷的改变，相对于土家山寨中原汁原味的跳丧，那些逐渐呈现在公共视野中的跳丧，很大程度上已经失去了它原本蕴涵的文化意蕴，其舞蹈更多只是一种机械化的重复性动作，舞者难以达成情感上的共鸣，其中所夹杂的民族认同感也十分微弱。失去了仪式的场所和仪式的氛围，维克多·特纳所说的仪式

---

① 黄剑波.小民族文化生存的人类学考察——以美国印地安人为例[J].广西民族研究，2003(3)：29-38.

“结构-反结构-结构”的阈限功能无法达成，人们无法达成信息上的共享，更难以增进群体感情、统一群体价值，土家族传统民族情感在现代性的仪式嬗变中将无处安放，甚至会被逐渐遗忘。

作为文化特有种类的身体实践，需要把认知记忆和习惯记忆结合起来。操演包括在群体全套活动中的动作，不仅让操演者回忆起该群体认为重要的分类系统；他也要求产生习惯记忆。① 对于老一辈的土家山民来说，跳丧作为一种祖祖辈辈流传、沿袭下来的文化习俗，已经融入土家人的日常生活记忆之中，对他们而言，跳丧已经是一种“习得性”的文化形式，是一种具有日常色彩的、体现了高度民族自觉的仪式化行为。而如今，和其他少数民族地区一样，随着中国城市化进行的加快，土家山寨也受到了现代城市文明的高度冲击，大量的土家青壮年由于经济原因常年外出打工，越来越多的年轻人选择在大城市安家、定居，原本紧密的民俗和文化纽带逐渐变得松散，大量的土家青少年后代不会跳丧，有些甚至从未体验过跳丧仪式，跳丧这一古老的民俗文化的传承因行动者的“断代”而逐渐衰落。

三、流动的仪式与民族文化发展之辨

面对不断加速的现代化建设进程，土家族文化必须承认自身陷入了一种两难的结构性困境：承认现代社会多元化的同时如何适应激烈变化的世界，保持自己的世界观，平稳、平和地进行社会参与。因此，在社会现代化进程中如何保持土家族民族传统的权益，在外部环境的干预下，如何维护自己的文化特征和文化认同，保持土家族文化的独立性，需要引起重视。②

（一）仪式流变与民族文化独立性

从仪式观出发，仪式观强调的是媒介从时间维度上维系社会关系的作用。

---

① 保罗·唐纳顿. 社会如何记忆[M]. 纳日碧力戈，译. 上海：上海人民出版社，2000.

② 黄剑波. 小民族文化生存的人类学考察——以美国印地安人为例[J]. 广西民族研究，2003(3)：29-38.

仪式本身与重复和循环、维系和保存、记忆和传统这三点有着密切的关系，所以仪式传播本质上是一种文化行为，旨在维系在缺乏传播的情况下易受外界环境影响的和易陷入混乱的脆弱的人类文化。嘉靖《思南府志》记载："风俗，本府同黔中地，在荒徼之外，蛮僚杂居，言语各异，渐被华风……信巫屏医，击鼓迎客，刀耕火种，务本力穑，唱歌耕种，以泥封门，得守祭鬼。"道光《思南府志》记载："五方风土不同，习俗亦异，浇漓淳薄，举视教化……在上者，三令五申去奢崇俭，郡士大夫力行以为倡率，庶民先克，遂风俗蒸蒸还淳也。"从这两段记载可以看出，在嘉靖年间，土家族就已经受到汉化，只是当时汉化程度并不是那么高，仍保留着自身明显的民族文化特征：平时相信巫术而拒绝医生诊治，敲鼓奏乐欢迎客人的到来，边唱着流传的歌曲边种地，到了冬天用泥土糊住门挡风，用捕获的猎物拜祭鬼神。到了道光年间，社会文化处于激烈变化的时期，因为当时儒学盛行，大量汉族人来到思南，思南逐渐汉化，土家族文化受到强烈的冲击，战争、天灾甚至是政策，都使得土家族文化特征不断变化着。当地官员对移风易俗的宣传以及士大夫亲做表率，使当地老百姓一点点改变着传统风俗，逐渐和中原汉族靠近，甚至开始通婚。土家族和汉族互相影响，但土家族仍然保留了一些民族传统习俗。跳丧这一习俗得以保留，是出于这一民族仪式不断重复的原因。土家人在不断重复的行为中强化了记忆、强调了传统、维系了关系，同时也维护了民族文化。这是土家族在外界社会影响下的自我文化抗争，保持了土家族文化的相对独立性。

费孝通认为，"文化自觉只是指生活在一定文化中的人对其文化的'自知之明'，明白它的来历、形成过程，在生活各方面所起的作用，也就是它的意义和所受其他文化的影响及发展的方向，不带有任何'文化回归'的意思，不是要'复旧'，但同时也不主张'西化'或'全面他化'。自知之明是为了加强对文化发展的自主能力，取得决定适应新环境时文化选择的自主地位。"[①]另外值得注意的是，"文化自觉是一个艰巨的过程：首先要认识自己的文化，根据其对新环境的适应能力决定取舍。其次是理解所接触的文化，取其精华，去其糟粕，加以吸

① 费宗惠，张荣华.费孝通论文化自觉[M].呼和浩特：内蒙古人民出版社，2009.

收。各种文化都自觉之后，这个文化多元的世界才能在相互融合中出现一个具有共同认可的基本秩序和形成一套各种文化和平共处、各舒所长、联手发展的共同守则”①。从某种程度上说，文化自觉必定是一个主动的行为动作，具有主观能动性，包含着对自身文化和他人文化的借鉴和反思，因为世界上不论哪一种文化必定都是由各民族文化融合而成的，没有所谓的绝对“纯正性”存在，或多或少掺杂、裹挟着不同民族的文化，所以对自身文化的反思有利于理解和思考本民族文化与其他文化之间的关系。

美国人类学家格尔茨认为，文化就是由人类在发展过程中编织的意义之网。通过人类社会的传承、内化与沉淀，文化逐渐形成一整套符号体系，人类就在这一符号体系中编织自己的意义。② 所谓的文化，其实是人类自身所编织的意义，是人类行为所赋予的。文化不是一种力量，不是造成社会事件、行动、制度或过程的原因，文化是一种在众多社会现象中可以得到清晰描述的即深描的脉络。③ 土家人在跳丧这一仪式中寻找着属于土家人的共同认知和认同，从而构建土家族独有的民族文化空间。跳丧仪式里的鼓乐器、道具、服装、舞蹈、乐曲等符号，共同构建了土家族面对死亡时的符号体系，土家人就在跳丧这一仪式符号体系里构建自己的历史，繁衍出独特的专属于土家族自身的民族文化。文化是意念性的，但并不是说文化存在于个人的内心深处，即文化是具有公共性质的，文化是社会普遍公认和共同认识的一种现象。跳丧仪式过程中最直观的观念就是“丧事喜办”“亡者为大”，这两个观念几乎贯穿于跳丧始终，与跳丧仪式一起存在于土家族这一特定的社会语境中。在土家族里，只要敲响三下落气铳，村落各家一定会放下手中的活，赶去逝者家里一起完成跳丧仪式，或是表演者，或是厨师，或是见证者。人类一直都是群居动物，但不可否认的是，随着网络电子通信技术的发展，人类在虚拟空间中的交流越来越多，实际生活中的人类越来越处于弱联系的关系中，“远亲不如近邻”这句俗语也慢慢不再适应目前的社会，但是跳丧仪式将现实生活中的土家人仍紧密地联系在一起。前文也

---

① 费宗惠，张荣华．费孝通论文化自觉[M]．呼和浩特：内蒙古人民出版社，2009．

② 克利福德·格尔茨．文化的解释[M]．韩莉，译．南京：译林出版社，2008．

③ 林同奇．格尔茨的“深度描绘”与文化观[J]．中国社会科学，1989(2)：159-180．

提到，无论族人与逝者生前有多少深仇大恨，落气铳三下敲响，族人都必须赶去烧香磕头，不然便会被其他族人孤立，甚至当自家老人过世时，其他族人都不会理睬。这种惩罚确实不具备法律效力，但却是相当残忍的。这种惩罚是一种社会性抹杀，即将一个人的一切，包括功过全部遗忘，如同他从未出现过，这对需要社交的群居者来说杀伤力是极大的。土家后人对孝顺的表现直接关系到他的家族在整个土家宗族中的地位与威信。因此，只要有跳丧的信号，族人都会赶去，这已成为土家族每个族人的自觉行为。土家族的祖祖辈辈也视其为理所当然。由此，跳丧仪式表现出了土家民族高度的文化自觉。

（二）仪式解构与民族文化的当代认同

由于城市化进程加快，很多土家人开始失去自己的民族认同，特别是新一代年轻人，他们从小接受的是现代主流文化教育，较少关注自己民族的文化，其民族意识并不强烈。他们对自己民族的文化生存缺乏兴趣，对民族身份的认同感也并不强烈。比起土家民族文化的传承，土家族长辈更希望他们的孩子能学好现代化知识，走出大山。

前文提到土家族关于死亡的文化随着时间、社会的变迁逐渐去魅化、去宗教化，“巫文化”色彩被弱化，不符合现代社会语境的神话元素被削弱，“丧事喜办”的思想观念被放大并且强化，强调愉快和轻松。土家文化在自身发展中一直与华夏主流文化交融，自身传统仪式也主动适应着主流文化，那么自身文化的流逝和文化特色的同化问题则不可避免地被讨论。上文也提到土家文化如何对抗外界文化入侵和自身文化的保留问题，土家文化必须在现代社会中保留其文化的精华，参与社会文化竞争，才可保留其自身文化的活性。归根究底大前提是土家文化须有文化自觉。首先认识自身民族的文化源流，预测未来土家文化可能的发展方向，自主地适应新的社会环境，通过多元互融，形成新的、和平的、认同的秩序；其次冲破结构性困境。只有这样土家族才能更好地自主维护、发展甚至创新自身的民族文化，保持平稳的社会参与。

现代化发展依托于经济全球化背景下现代科技技术的发展，以先进的科学理论和技术为导向是现代化文化的特质。土家仪式文化的发展依托于长时间的仪式展演，不断加强民族心理认同：一个以物质技术为标准，一个以带有“神话”色彩的祖先崇拜为标准，在相对固定的社会范围内，现代化发展与土家族民族文化认同看似各自有不同的标准，但它们都依托于相同的群体构成，故而显示出紧密的联系，且在相互适应的过程中，会频繁地发生标准的移动。[①] 两个民族进一步交融，文化自然有更多的融合，联系也越来越紧密。而文化变迁是一切文化的永存现象，变化发展是绝对的。[②] 土家族仪式文化必定将继续变化下去，因此，保持自身的文化结构和特征，就是要在全球现代化背景下，以合理的方式适应现代社会，在不断发展变迁中维护土家仪式文化自身的内涵和意义。

世俗化是人类社会向现代化迈进过程中一个不可或缺的部分，但是，现代化并不会导致宗教的完全消亡。现代化进程中，社会的彻底世俗化，将会失掉某种精神上的支柱，即某种使人类超越物质乃至超越自身的东西，而人类作为“万物灵长”，总是需要这种精神性或超越性的东西。[③] 土家族面对现代化社会性浪潮，为了维系自身文化的生存与发展，不得不做出相应的改变。若想适应现代化、科学化的社会，必定得思考如何能无需科学上的论证便可使世人信仰民族文化。世俗神学的先导者朋谔斐尔认为，来世的说教已不为人们感兴趣，应把宗教转变为现代人主观上感到有需要的生活方式。[④] 因此，土家族跳丧仪式在原来的仪式程序上进行了简化和商业化的转变。以跳丧仪式中所使用的标志性道具——鼓为例。其一，跳丧用的道具鼓的材料已被适当调整，传统的跳丧鼓材料是牛皮制成，现在专业跳丧队伍所用的鼓是由羊皮或其他皮制成的，有效节约了道具成本，制作工艺上也比较简便。其二，按照土家传统规矩，跳丧鼓是由多户人家甚至几十户人家共同拥有的，平时由专人保管，保管者住地必须在多户人家房屋中间，用完跳丧鼓后，鼓须由乡人商定一个位置放置一段时间去除晦气，而现在的专业跳丧团队用完鼓后立即放回表演队的工作室。其三，该鼓除了跳丧能用，平常还出现在各种表演舞台上，但凡有表演性质的活

---

① 董宸．传统仪式的现代适应——从泼水节看当代南传佛教仪式音声构成的两个面向[J]．中国音乐，2019(5)：75-89．

② 王铭铭．社会人类学与中国研究[M]．北京：生活·读书·新知三联书店，1997．

③ 杜红．对宗教与现代化问题的思考[J]．宁夏社会科学，1996(4)：61-65．

④ 杜红．对宗教与现代化问题的思考[J]．宁夏社会科学，1996(4)：61-65．

动需要鼓便可用。商业化跳丧队里鼓已经逐渐丧失了原本的文化符号功能和其文化符号意义，单纯地成了一个表演工具，公用性和实用性逐渐成为其具备的主要性质。

（三）仪式流动与民族文化情感秩序

现代人需要一种仪式化的生存状态用来沟通、交流并且获得共同体验及感受。土家人在举办跳丧仪式时处于集体无意识的狂欢状态。在跳丧期间并无悲伤的氛围，相反族人都是载歌载舞的兴奋状态，甚至一些表演者故意舞动得诙谐以此逗乐在场观众，很多在场观众也会一起加入进来，沉浸在歌舞之中。跳丧仪式上的歌舞狂欢是土家人情绪宣泄的一种途径，他们借此宣泄他们对死亡的恐惧和面对死亡的焦虑。因为求生是人的本能，而人很难克服本能，否则这是有悖常理的。土家人以笑语取代哭泣，以狂欢代替死亡的消极，以集体而不是单个家庭直面死亡。在跳丧的过程中，人们一遍遍重复面对死亡的创伤性情境，也是在不断地做着自我指导和心理干预，从心理上去调节自身，通过歌舞的形式抵消人们面对死亡的未知恐惧和焦虑这种矛盾的心理。于是“丧事喜办”的概念渐渐根植于土家人心中，甚至衍生出“灵魂不死，虽死犹生”的民族传统说法，这是土家族的文化内涵。人类都是用文化去解释自己的行为和经验。土家族以豁达生死观、逝者为大共同的心理认同来操办“跳丧”这一传统仪式，这也解释了为何每个族人必须放下手中的活赶去逝者家里一起完成仪式。

文化不是生活的方式而是生活的信仰，跳丧既是对亡者的祭奠，也是对社会关系的承认。前文提到，仪式有激发个体意识、促进民族心理认同的作用，旨在通过仪式增强个体的心理认同，使其能将个体沉浸在整体之中从而得到共同的信仰、情感和意愿，从而维护和强调社会秩序的完整。因此，仪式是维护社会秩序稳定的手段。跳丧仪式涉及一系列关于道德伦理、民族禁忌、日常行为约束的规矩。规矩是用来聚拢人心的，前文有描述敲打落气铳三声，族人一定要放下手上的活赶去亡者家，“人死众家丧，不请自来”，人人都要去烧三炷香祭拜老人，并且陪着逝者的棺木到天亮。在一场丧葬中，每个人都要扮演好自己所承担的角色，才能保证仪式的顺利进行，维护土家族社会秩序。“生不记死仇”，人人都要做到，谁违反这个规矩，必会受到土家族规的惩罚。“一家丧事万家帮”的规矩有效地维护了土家族团结协作的民族精神，毕竟“人人都有父母在，百年归山要人抬”。除此以外，土家族跳丧仪式的时间、人物和场合也有自己的规矩：天黑了才能跳；无死人时不能跳，除非健在的老人或其子女相邀（即跳活丧）；女子不能跳丧；亡者为老年妇女才能唱跳《血盆经》和《怀胎歌》，亡者为老年男子则禁唱；青少年夭折不能跳；在外亡者尸首必须从后门抬进才能跳；亡者上山前孝子给歌师磕头后不能再跳；跳丧停止后，鼓槌须抛至门外，不能留在屋里。一板一眼的程序和森严的规矩体现出土家族文化的严肃性和秩序性。跳丧仪式是高度重复性的仪式，一次次仪式的展演，也就意味着一次次传统土家族文化和土家族民族信仰的传播，也是一次次强化社会规则和秩序的表现。那些山村不成文的规矩，随着时间的推移，规范着一代又一代土家人的行为，维护着土家族的社会关系和社会秩序。跳丧仪式的展演不仅是对逝者的祭奠，也是对土家族社会关系的承认。涂尔干也说过，仪式的真正目的并不是为了追求某种物质功效，它是“社会群体定期重新巩固自身的手段”，是为了唤起集体的道德力和道德信念构成的某种心灵状态，使之不至于湮没在纯粹功利的世界中。仪式的集体崇拜，把人们聚集在共同的信仰中，增强了群体的一致性和团结，达到对社会的整合。[①] 仪式的秩序是对特定人群和阶层的巩固，土家山村所有乡民必须遵守这些不成文的规矩，从而树立长幼尊卑的秩序，维护民族的稳定团结，稳定整个土家族人的秩序。

（四）仪式重构与民族文化的当代适应

传播的最高境界并不单单是信息的传递，而是旨在构建且能有效维系一个有秩序和意义的空间，并且该空间或者说该世界可以用来支配甚至融合人类的行为。人类的行为与经验通常会被人类用“文化”一词解释，文化具有公共性质，它是社会普遍公认的一种现象。仪式传播至关重要，在很大程度上影响着文化的生死存亡。因此，土家族的仪式传播是土家族民族文化传承和分享的活

① 爱弥尔·涂尔干.宗教生活的基本形式[M].渠东，汲喆，译.上海：上海人民出版社，2006.

动。仪式重构并不是对土家族传统文化的舍弃，而是对土家族传统文化适应现代社会的一种回应。

传统仪式的重构是对现代社会的回应。传统仪式的现代适应性问题从某种程度上说是组织和参与仪式的人的适应问题。商业化、娱乐化的跳丧，将“撒叶儿嗬”作为一种竞技模式呈现在各种竞技舞台上。竞技活动，比起文化展演，“赛”“获胜”才是目的。作为比赛，必然要吸引眼球，也必定想招来商家的赞助。为了烘托热闹的比赛氛围，竞技舞台一般是在人群密集的闹市中心或者空间较大的广场上，此时“人”“广场”“赞助舞台”构建了“撒叶儿嗬”的环境符号。由于环境符号的变化，仪式本身也发生了变化，变为一项竞赛项目，仪式参与者的身份也成了竞技比赛的参与者。竞技是“撒叶儿嗬”现代适应的一种主动模式。有的土家长者认为，“撒叶儿嗬”变为一种竞技比赛是对老祖宗留下来的东西缺乏敬畏之心的表现。确实，以“撒叶儿嗬”原先非死人不可跳的规则，竞技破坏了“撒叶儿嗬”原来的文化内涵。但是从“撒叶儿嗬”自身存活的角度来说，竞技不失为一种复兴仪式的方法，而组织者对仪式的复兴其实是为了让“撒叶儿嗬”在现代社会发挥参与社会竞争的作用。用新的文化理念去打造原有的社会资源，从某种程度上来说不失为一种展示民族文化特色的方式，并且捎带文化展演之意，无形间强化了土家族的民族文化认同。

若是无人参与，随着时间的流逝，仪式必将消失，若要对抗仪式的消亡，不断的文化展演是有必要的。不断强化的民族认同会构建出自己的文化秩序，由文化秩序构建出来的仪式又会反哺社会文化和社会秩序，土家族文化由此得以传承下来。通常来说，现代化理论包括这几点假设：第一，传统与现代之间可以划出一条明确的界限；第二，现代社会经济必须建立在传统社会格局的打破、旧的文化意识形态的消失以及新的社会格局与理念的形成之基础上；第三，传统力量的存在必然或者说很可能导致现代化的失败。[①] 但是土家族这种传统仪式的转换能让传统融入现代化世俗之中，打破了传统与现代之间明确的界限，旧的意识形态不必全部消失也可在新的社会格局和理念的基础上生存，传统力量

---

① 王铭铭.社会人类学与中国研究[M].北京：生活·读书·新知三联书店，1997.

也可保留大部分。因此，传统仪式是可以通过文化的生产和再生产从而直接参与社会竞争。

同时，也有学者担忧：不论承认与否，当今土家文化朝着现代化、本土化发展，跳“撒叶儿嗬”成为一项旅游项目，宗教信仰成了一种商业性的狂欢。原生态的跳丧是受传者之间的双向互动，处于仪式信息共享的状态，并不是传统意义上的演员和受众的单线条关系；商业化跳丧的信息传递是一种单向性的传递，演员就是演员，观众就是观众，各司其职，因为不同的文化和生活背景，两者没有达到心灵上的交流、沟通和契合，无法形成情感上的互动。因此，商业化跳丧是一种单向传播，表演者自娱自乐，表演者和观众之间隔着一座无形的墙壁，壁垒不同，灵魂不和。祭祀仪式成为一种单纯的展演，仅仅只是保留了仪式感，展演空间的变化也使得仪式本身“名不正，言不顺”。但是现代化是当今社会的主流趋势，不可逆势而行。在经济发展强势的文化语境里，土家仪式文化也朝着经济利益方向发展，只有获取更多经济支持，拥抱现代化，土家族才可以拥有土家文化的发展话语权，土家文化才有可能生存下来。萨义德说：“每一种文化的发展和维护都需要一种与其相异质并且与其相竞争的另一个自我（alter ego）的存在。自我身份的建构牵涉到与自己相反的‘他者’身份的建构，而且总是牵涉到对与‘我们’不同的特质的不断阐释和再阐释。每一个时代和社会都重新创造自己的‘他者’。因此，自我身份或‘他者’身份绝非静止的东西。……文化在探询如何去理解它时随之消失，接着又会以从未想象过的方式重新出来。”①文化是有惯性的，土家文化是有传统底蕴和长远的文化生存历史的，不会迅速地、彻底地与其自身的文化传统割裂，土家文化在自身不断筛选、遗落、进化过程中会因为自身的文化惯性而保留甚至弘扬自身值得后世流传的部分传统文化，比如“向死而生”“丧事喜办”。现代社会中只要家中有老人走了“顺头路”，便要请吃酒，这种“白喜事”便是进步的传统文化得到保留的体现。人若是最大限度地利用传统文化，便会清楚地了解该文化的发展脉络，结合现代社会语境分析传统文化的利弊，由此做出符合当下现代化社会的理性选择，对文化自身

---

① 马歇尔·萨林斯. 甜蜜的悲哀[M]. 王铭铭，胡宗泽，译. 北京：生活·读书·新知三联书店，2002.

形式进行一些修订，使得传统文化能够再生和创造。另外，土家文化和城市文化的“互哺”，和谐共融，包容共生，也不失为一种可行的方式。汤因比认为，任何一种文明都包含着一些不被其他文明所理解的东西，而任何一种文明都需要以文化为载体，才能接触到另一种文明的实质。① 土家文化有许多独特的特质，含有一些不被现代城市文化所理解的部分。例如，土家人认为人死后的灵魂会回归祖先，祖先崇拜、图腾崇拜占据跳丧文化的一部分；土家跳丧还涉及了巫术等禁忌领域。城市文化是现代人类发展和演进过程中诞生的最具包容性的现代性文化，代表着人类最先进的科学、理性价值理念，土家文化应以此为载体，运用科学的、理性的手段去改造土家自身文化的局限性，进一步培养新的符合当代社会语境的文化个性。

① 赵霞.传统乡村文化的秩序危机与价值重建[J].中国农村观察，2011(3)：80-86.

结语

文化价值观是一个社会或国家的成员共同的价值取向或理念，也是在特定社会背景下的一种得到广泛认可的共同信仰，它具有指导人们思维和行动的作用。一个民族的文化价值观不仅是民族的灵魂所在和价值判断标准，还影响着本民族的认知理念和行为方式。民族文化价值观在很大程度上是传承民族精神、凝聚民族共识、维系民族稳定团结的纽带，所以，培育和建构正确的民族文化价值观具有重要作用。民族仪式作为承载深厚民族文化的载体，在民族文化的传播和传承中发挥了重要作用，人们在仪式传播中不断感知、理解民族文化，并逐渐形成心理认同，最终实现对民族文化价值观的内化和认同。土家跳丧仪式作为一种区别于其他哭丧的丧葬仪式，具有独特的凝聚民族文化价值观的功能。跳丧不仅反映出土家族图腾崇拜、祖先崇拜的民族文化内涵以及乐观豁达、积极向上的民族价值观，还将这些民族文化内涵和价值观通过仪式展演、象征符号、故事文本的叙事传播等方式表达和呈现出来，使得土家人在体验式、渗透式、深入式的仪式传播中形成对本民族文化价值观的交流共享、认知理解和心理认同。

通过对土家跳丧仪式的全面分析，本书发现，民族仪式传播对其民族文化价值观具有建构作用，主要建构路径分为三个步骤。首先，以仪式展演构筑民族中心的神话，让仪式参与者在仪式场域中感知、体验和沉淀民族文化价值观。其次，以仪式符号强化民族文化认同，人们在图腾、器具服饰、仪式场所等具有象征意义的符号的激化下，强化对本民族文化的理解和认同。最后，以仪式叙事形成民族文化价值观的扩散与传承，通过仪式现场叙事完成民族文化信息的共享，并在此基础上通过社会空间叙事促进民族文化价值观的传承。土家仪式传播主要通过歌、舞、人、环境四个核心因素，将特定的意识形态植入土家社会的历史文化之中。仪式借助其特有的召唤、共享、凝聚功能，勾勒土家社会的价值谱系，使其代代相传。

如今，当我们回过头去梳理土家跳丧仪式的演进脉络，不难发现，跳丧在整个土家社会发展中一直处于不断的自我进化之中。经过一代又一代土家人的传承、内化和沉淀，跳丧仪式不断自我调适，适应环境和时代的发展。即便是在当下，跳丧仍在不断进化着，土家族文化也一直试图以创新的形式进行传承。涂尔干把宗教分为信仰和仪式，信仰是宗教的观念形态，仪式是宗教的行为形态。集体宗教仪式的举行，能增进群体感情，统一群体价值，从而起到社会整合的作用。涂尔干在《宗教生活的基本形式》中说："仪式的功能在于提供共同体验的瞬间，激发、增强或重塑个体成员的集体意识和认同，促成其在信仰、情感和意愿上的高度一致，从而将个体整合到社会全体之中，维持并强化既有的社会秩序。"[①]跳丧仪式作为一种土家族由来已久的仪式，蕴含着土家族的精神信仰，维护了社会秩序。约翰·麦卡隆认为文化表演最终在某些方面改变自己，而在另一方面则保持自己的特色。[②] 土家跳丧是一种带有歌舞色彩的丧葬仪式，它既是一种精神归旨，也是一种表演形式。跳丧仪式在社会变迁中不停地进化、筛选、遗落，从而适应不断流动的文化传播语境。

同样，民族文化价值观并不是一成不变的，而是处在一个发展变化的动态过程中，民族文化价值观会随着社会环境的改变而发生变化。作为承载并映射民族文化价值观的民族仪式自然也会在物质基础、生存环境和文化场域的改变中进行不断的更新和适应。民族仪式传播也会在社会和历史的应变中充分发挥其作用和影响力，顺应环境建构新的适合文化价值和社会意识形态传播的模

---

① 爱弥尔·涂尔干. 宗教生活的基本形式[M]. 渠东，汲喆，译. 上海：上海人民出版社，2006.

② Macaloon J J. This great symbol：Pierre de Coubertin and the Origins of the Modern Olympic Games [M]. Chicago：The University of Chicago Press，1981.

式。仪式传播不仅对民族仪式的生存、适应和传承都起到了一定的作用,对建构民族文化价值观也发挥着重要的作用。仪式传播在召唤聚集中建构社会秩序,在贮存社会记忆中展示社会变迁,在经验共享中确定文化认同,在释放心理焦虑中强化民族归属。据此,民族文化与传统文化得以融合,民族心理认同得到强化,民族社会秩序得以维护,民族文化价值观得以建构,民族社会共同体得到维系。因此,有必要对仪式传播的模式和效果进行更为透彻和深刻的研究,以此来更好地发挥其对文化价值观的建构作用和对民族共同体的维系作用。

仪式作为人类社会一种古老而神秘的文化形式,在人类历史上一直起着重要的作用。它不但成为不同种族、不同地域的人们精神寄托或内心规约的重要手段,在维系人类命运共同体方面也起到了重要作用。然而,随着科技的发展以及人类传播技术的变革,传统的乡村社会发生了巨大的变化,仪式传统的生存环境也遭到了不同程度的解构。在人类聚集的不同地方,仪式生存的环境都不同程度地受到了现代科技的重组或破坏,进而引发一系列的问题:仪式的发展和传承受到严峻挑战,乡村社会的精神动力遭遇现代机器的解构,民族文化的发展受到多面夹击。面对这种境况,国家文化部门进行了不同程度的干预,"非遗"项目的推行就是一项重要的政治性措施,旨在保存仪式发展的原貌,保持文化发展的动态平衡。然而,经过多年的努力,有关部门对原始文化的保存工作却力不从心,越来越多的仪式正在改变形态或者消亡,仪式的传播遭遇到了前所未有的困境,仪式对少数民族文化价值观的建构效果也遭到时代的挑战。当现代手段和行政干预都不奏效的时候,我们有必要思考:在当前文化融合以及人工智能、大数据技术高度发展的时代背景下,对少数民族文化的保护有没有其他的可能?仪式对少数民族文化价值观的传播有没有一种基因式的发展规律或路径?在物质文明发展速度某种程度上已经超越了精神文明的发展速度的现状之下,少数民族的文化价值观建构该如何在二者中求得最佳平衡?仪式作为一种人类社会的传播载体和介质,在未来的人文和经济自然力量发展走向中,如何最大限度地去保护其承载的深厚的民族文化价值基因?

仪式作为一种文化和传播的载体,其作为文化传承的属性,即其文化属性常常得到社会的认可和强调。然而,仪式作为一种媒介,或仪式的物质性层面却常常被忽略。纵观当下的仪式研究，我们发现，仪式及其社会功能已经得到了充分的诠释和解读，然而，仪式发展所承载的物质或非物质条件，以及随着人类社会的变迁、自然环境和物质环境的变化、技术的变革等因素导致的仪式变化被镶嵌进民族仪式的现代性因素，这些可称之为仪式的物质性层面被长期忽略了。为了了解少数民族仪式及其传播的多样性，在未来的仪式研究体系中，或许可以更多考虑仪式的生态和其他社会变量的相关因素。对仪式及其文化功能的研究，不应是静止的，不能假设过去的经验就是仪式文化进化的最佳模式。如果我们所定义的仪式及其文化价值观建构谱系不是动态发展的，那么，所有的解读都将是徒劳的。只有在仪式的历史关系、当下语境与未来发展中形成对话，少数民族仪式的传播、发展及其建构的文化价值谱系才能更加具有历史和时代的生命力。

访谈提纲与记录

一、访谈提纲

1. 受访者的性别、年龄、文化程度、职业。

2. 您知道跳丧吗？您觉得跳丧是一项什么样的习俗？

3. 您是如何知道跳丧的？您有亲眼见过或者亲身参与过吗？感受如何？

4. 跳丧是以什么样的表演方式展开的？其服饰、场景、动作是什么样的，各有什么讲究？

5. 您知道“撒叶儿嗬”的动作吗，可以描述或者简单展示一下吗？仪式中的动作有没有什么特别的含义或者内涵？

6. 听说鼓在跳丧仪式中是非常重要的乐器代表，您知道鼓为什么会有这么重要的地位吗？它代表了什么样的含义？

7. 您觉得跳丧是否蕴含了一些你们民族的文化？体现了哪些民族文化？

8. 您觉得跳丧对民族文化是否有影响？有什么样的影响？

9. 您对跳丧是持什么样的态度？您会愿意学习并让自己的子女后代学习跳丧吗？

10. 您觉得跳丧有什么样的价值或者作用？

11. 您认为跳丧仪式是通过哪些方式传播的？传播的效果如何？

12. 您在观看或者亲自参与其中的时候觉得这种仪式对您有影响吗？您是否会想到背后蕴含的一些文化意义？

13. 您认为跳丧仪式的传播对民族文化价值观的建构是否有作用？有什么样的作用？

14. 您认为跳丧能否继续传承下去，依据是什么？

二、访谈记录（部分）

访谈记录一

访谈时间：2019年3月10日

访谈地点：长阳县资丘镇文化馆

访谈对象：田玉成（资丘镇文化馆馆长）

访谈内容：

Q1：关于"撒叶儿嗬"的起源，您是怎么认为的？

A1："撒叶儿嗬"的起源有两种说法，一是起源于巴人对先民的祭祀，二是军前舞。战国时期，人们以狩猎为生，男人们在获取猎物时常高兴得手舞足蹈，这种狩猎的本领让他们在作战时骁勇善战，后来武王伐纣所有男人都必须上战场，这种"前歌后舞"的方式就成了他们很好的一种作战方式，既可以祭祀战场上死去的士兵，又可以鼓舞士气，这种军前舞就被传了下来。

Q2：您是如何知道跳丧的？

A2：从小看父母跳，小时候跟着父母参与过一些，参与的时候父母也会跟我说一些相关的故事之类的，自然就有了记忆。零几年的时候我们这跳丧仪式的传承氛围还是非常浓厚的，后面淡化了很多。我是从六七岁的时候开始学的，后面跟着别人跳，自己也参与，自然就会了。

Q3：您亲身参与跳丧时的感受如何？会不会想到背后的一些民族文化？

A3：我跳的时候还是非常开心忘我的，在那种环境中，你很少会去想其他的事，只是沉浸其中。因为现场有很多人，大家一起营造出了那种热闹开心欢喜的氛围，我作为其中的一员也会被这种氛围感染。其实这就是我们民族文化的体现，在跳"撒叶儿嗬"中，我们并不会为亡人伤心哭泣，而是以一种欢喜庆祝的方式送走亡人，这就是我们民族特殊的地方，非常豁达、乐观、淡定、追求快乐精神的反映。这种独特性也促使了“撒叶儿嗬”成功申请“非遗”。

Q4：“撒叶儿嗬”有哪些传承措施？

A4：1993 年，抢救非物质文化遗产这一概念被提出，因为受经济和环境的影响，跳丧肯定会逐渐被遗忘，所以必须申请“非遗”进行抢救。“撒叶儿嗬”申请“非遗”之路也是存在着一些艰辛的，但好在 2006 年就第一次申请成功了。作为国务院公布的第一批和第四批国家级非物质文化遗产，“撒叶儿嗬”也得到了政府的很多帮助，各地政府相继出台了《非物质文化遗产保护方案》《民族民间文化抢救方案》等，并且建立了非遗中心、民族民间文化资源库，还有像我们这个文化馆等地方性保护机构，各级文化部门也举办了各类培训班、艺术大赛，这些都是传承措施。

Q5：您怎样看待业余跳“撒叶儿嗬”的队伍？

A5：这跟农村经济的发展和经济结构的改变有很大的关系，“撒叶儿嗬”会发生一些改变很正常。业余跳的跟原生态的还是有一些不一样的，包括那些专门跳丧的民间艺术团以及在广场上跳的都不是完整的原始的“撒叶儿嗬”了，像那种在广场上跳的是自发形成的，政府对此还是持保留意见的。不过这些形式的跳丧对“撒叶儿嗬”的传承其实也是有一些好处的。

Q6：您觉得“撒叶儿嗬”有什么样的价值或者作用？

A6：“撒叶儿嗬”也可以算得上是一种艺术，是我们民族鲜明的标志，除了具有传统文化的一般功能之外，还能传播和传承民族文化，凝聚人心，增强民族团结和民族向心力。

访谈记录二

访谈时间：2019 年 3 月 15 日

访谈地点：长阳广场

访谈对象：村民（长期在广场上跳“撒叶儿嗬”的舞者）

访谈内容：

Q1：您在广场上跳“撒叶儿嗬”有多久了？

A1:有两三年了吧。

Q2:您为什么想着在广场上跳“撒叶儿嗬”啊?

A2:因为我小时候就跳,本身就会跳,我自己也喜欢。本来像我们这个年纪就挺在意身体健康情况的,所以越来越多的人跳广场舞。我们民族本身就有很多舞蹈,“撒叶儿嗬”在我们族里就挺出名的,那我们就跳自己会的舞蹈,跳自己民族的舞蹈,而且跳这个还能强身健体。

Q3:您能给我讲讲像你们这样在广场上跳“撒叶儿嗬”队伍的规模和大致情况吗?

A3:我们跳这个的话也是有自己的队伍的,队伍的人数一般固定在50人左右,男女都有,年龄的话基本都是50岁到60岁,因为大都是单位退休人员,文化程度基本是高中或者中专,差距不大,所以跳的时候共同话题也是比较多的。

Q4:问了村里的一些其他人,有人对在广场上跳“撒叶儿嗬”还是反对的,您是怎么看呢?

A4:我觉得吧每个人有每个人的想法,有人支持有人反对,这很正常。可能他们觉得这个应该在送亡人的丧礼仪式上才能跳,但现在跳“撒叶儿嗬”的人越来越少,在广场上跳的话还能够不让“撒叶儿嗬”消失,让人们能记住跳丧,并且跳这个还有很多好处,除了可以强身健体之外,还能和朋友们一起增进感情,多了很多乐趣。

Q5:您觉得“撒叶儿嗬”中的舞蹈动作难吗,这些动作与你们民族的文化有关系吗?

A5:“撒叶儿嗬”的舞蹈动作很有讲究,一般人真的跳得没那么标准,这些动作可不是瞎做的也不是随便来的,我从小开始跳就觉得没那么难。很多舞蹈动作是祖先狩猎生活场景的再现,还有对虎的模仿,跟我们民族的白虎崇拜文化有关。白虎可是我们的祖先神灵,“撒叶儿嗬”中对虎的模仿和崇拜,除了向后代和村民传达勇猛无畏的民族精神外,还加深了我们对白虎崇拜等民族文化的理解和认同。

访谈记录三

访谈时间:2020 年 3 月 9 日

访谈地点:线上

访谈对象:张玲(24 岁,女,研究生二年级在读)

访谈内容:

Q1:您知道跳丧吗?您觉得跳丧是一项什么样的习俗?

A1:在我们这边的话,跳丧就是丧事喜办的一种丧葬仪式,农村每次有人去世了,办葬礼的时候会找人来打锣鼓,跳丧舞,唱夜歌什么的。其实我们这边丧葬仪式还蛮多的,基本都会打锣鼓和唱夜歌,也有哭丧的形式,但最著名的就是"撒叶儿嗬",也许是因为丧事喜办的独特性。

Q2:您是如何知道跳丧的?

A2:因为本身就是恩施人嘛,从小就听家人说。小学初中还有很多民族读物,里面也写了蛮多恩施本地的风俗习惯。

Q3:您有亲眼见过或者亲身参与过吗?感受如何?

A3:我见到的跳丧有打锣鼓、唱夜歌和跳舞,锣鼓在葬礼的整个晚上是不停的,第二天早上送棺材入土的时候,锣鼓也会一直跟着敲敲打打。我小时候看的,不管是打锣鼓还是唱夜歌,都是老年人居多,特别是唱歌的,我也听不懂唱啥,反正就觉得很有意义底蕴一样。但是现在好多都是年轻人了,三四十岁的男女组成的那种团,会被请去给葬礼热场子,但都没有以前少数民族的感觉了,更像是军乐团,会有很多现代西洋的乐器。我外公以前吹过唢呐的,打锣鼓就是一队人嘛,打鼓的打锣的吹唢呐的,还有一些其他的,反正就是我们熟悉的一些本土的乐器。

Q4:您觉得跳丧是否蕴含了民族文化,体现了什么样的民族文化?

A4:那是肯定有民族文化在的。就比如唱歌的曲调、歌词,跳舞的步伐都有吧。可能还是以前确实是唱的土家语,但我也不太听得懂,不过知道肯定和我们土家族的历史文化有关。葬礼不同,这些歌舞好像也不同。如果是七八十岁的老年人寿终正寝,好像就是一件喜事一样,就必须进行跳丧。

Q5:您对跳丧是持什么样的态度?您会愿意学习并让自己的子女后代学习

跳丧吗？

A5：我当然是希望有人能把这个传承下去，但是我自己可能不会学，因为学不会。要是以后我子女感兴趣想学，我肯定是支持的；如果不想学也没关系，但至少我会让他们了解一下，知道有这样一种形式的存在，也带他们去看看，不要忘记了传统。

Q6：您觉得跳丧有什么样的价值或者作用？

A6：一种传统和仪式感吧，不管是以前的撒叶儿嗬，还是一般的丧葬仪式，都是一种送葬的形式。老一辈的人都这么做，也就这么传承下来了，虽然在这个过程中形式有所变化，但主体还是在的，就是觉得人去世了，需要这样一个仪式，让活着的人能够集体为他送别，能够记得他，也是一种热闹的方式，让很久没有见面的人可以聚在一起，而且这也是我们民族乐观豁达的独特生死观的体现。

Q7：您觉得跳丧对民族文化是否有影响？有什么样的影响？

A7：还是有的吧，是很重要的一部分啊。丧葬嫁娶都是最接近人们生活的事件，在这样的情况下衍生出的仪式感还是很值得保留的。

Q8：您认为跳丧仪式是通过哪些方式传播的？传播的效果如何？

A8：以前都是人传人吧，可能就是口口相传，家里人会讲一些相关的故事，比如我们的祖先是谁、这些仪式跟什么有关等等。再有就是每次举办仪式时候的展演，现场他们唱跳的话也算是一种传播，我们看的人也能听丧歌、看舞蹈，感觉还是能获取一些与仪式相关的东西的。但现在为了找回这些传统，有了“非遗”，也会利用新媒体或者电视、书本一类的传统媒体来传播，比如我就在小时候的普及读物里面见到过。传播的效果还是有的，不然以我这个年纪也不会有一些了解了。

参考文献

[1] 郭讲用. 传播仪式观中传统节日文化的传播[J]. 新闻爱好者，2010(24)：24.

[2] 陈力丹. 传播是信息的传递，还是一种仪式？——关于传播“传递观”与“仪式观”的讨论[J]. 国际新闻界，2008(8)：44-49.

[3] 肖荣春. 仪式传播研究：概念、现状与问题[J]. 今传媒，2014(9)：8-10.

[4] 郭建斌. 如何理解“媒介事件”和“传播的仪式观”——兼评《媒介事件》和《作为文化的传播》[J]. 国际新闻界，2014(4)：6-19.

[5] 王晶. 传播仪式观研究的支点与路径——基于我国传播仪式观研究现状的探讨[J]. 当代传播，2010(3)：32-34.

[6] 刘彦芬. 当代中国社会价值观变迁特征分析[J]. 中共天津市委党校学报，2012(2)：92-96

[7] 陈力丹，王晶. 节日仪式传播：并非一个共享神话——基于广西仫佬族依饭节的民族志研究[J]. 中国地质大学学报(社会科学版)，2010(4)：73-76.

[8] 陈力丹，王晶. 节日仪式传播：共同信仰的维系与嬗变——以广西罗城仫佬族依饭节的民族志调查为例[J]. 中国少数民族地区传播与社会发展论丛，2010(2)：102-111.

[9] 张泽洪. 文化传播视野下的信仰与仪式——以中国西南少数民族与道教

关系为例[J].宗教学研究,2007(4):150-157.
[10] 丁杰.论桂西北少数民族民歌传播的仪式论——以壮族歌圩为例[J].才智,2016(17):206-207.
[11] 杨冬云.国家形象的构成要素与国家软实力[J].湘潭大学学报(哲学社会科学版),2008(5):96-101.
[12] 陶喜红,李婷婷.中华民族形象对外传播中的问题与改进策略[J].当代传播,2013(5):96-101.
[13] 薛艺兵.对仪式现象的人类学解释[J].广西民族研究.2003(3):39-48.
[14] 孙玮.交流者的身体:传播与在场——意识主体、身体-主体、智能主体的演变[J].国际新闻界,2018(12):83-103.
[15] 刘莉.全球场域中民族文化符号的传承与创新[J].广州大学学报(社会科学版),2010(12):51-54.
[16] 刘建明."仪式"视角下的传播研究——一种强效果论及其反思[J].新闻与传播评论,2012(1):36-44.
[17] 刘建明.传播学研究中仪式概念社会意义的理想化及其消解[J].新闻与传播评论,2016(1):31-38.
[18] 詹姆斯·W.凯瑞.作为文化的传播:"媒介与社会"论文集[M].丁未,译,北京:华夏出版社,2005.
[19] 威尔伯·施拉姆.传播学概论[M].北京:北京大学出版社,2007.
[20] 巴赫金.巴赫金全集[M].石家庄:河北教育出版社,1998.
[21] 维克多·特纳.仪式过程——结构与反结构[M].黄剑波,柳博赟,译.北京:中国人民大学出版社,2006.
[22] 郭庆光.传播学教程[M].北京:中国人民大学出版社,1999.
[23] 郑杭生.社会学概论新修[M].北京:中国人民大学出版社,2003.
[24] 安东尼·D.史密斯.全球化时代的民族与民族主义[M].龚维斌,良警宇,译.北京:中央编译出版社,2002.
[25] 斯蒂文·小约翰.传播理论[M].陈德民,叶晓辉,译.北京:中国社会科学出版社,1999.

[26] 热拉尔·热奈特. 叙事话语 新叙事话语[M]. 王文融,译,北京:中国社会科学出版社,1990.

[27] 爱弥尔·涂尔干. 宗教生活的基本形式[M]. 渠东,汲喆,译. 上海:上海人民出版社,1999.

[28] 张梅兰. 隐喻:在历史与现实的双重叙事中完成——长阳土家族跳丧仪式化传播解读[M]. 武汉:华中科技大学出版社,2013.

[29] 图古丽·斯依提. 传播仪式观视域下维吾尔族婚礼仪式变迁研究[D]. 兰州:兰州大学,2013.

[30] 陆璐. 仪式传播中的民族身份认同与表达——基于定远县二龙回族乡回族婚礼仪式的研究[D]. 合肥:安徽大学,2016.

[31] 王海飞. 文化传播与人口较少民族文化变迁——裕固族 30 年来文化变迁的民族志阐释[D]. 兰州:兰州大学,2008.

[32] 崔国春. 乡村社会变迁中的仪式传播——对黄梅县孔垄镇婚礼仪式的研究[D]. 武汉:华中农业大学,2013.

[33] 叶蔚春. 文化记忆:从创伤到认同[D]. 福州:福建师范大学,2018.

[34] 傅钱余. 民间仪俗与民族文学研究[D]. 天津:南开大学,2013.

[35] 彭兆荣. 人类学仪式研究评述[J]. 民族研究,2002(2):88-96,109-110.

[36] 杨利慧. 仪式的合法性与神话的解构和重构[J]. 北京师范大学学报(社会科学版),2005(6):63-70.

[37] 刘书惠. 神话与仪式:先秦儒家祭祀礼的原始意蕴[J]. 浙江师范大学学报(社会科学版),2011(3):7-12.

[38] 王霄冰. 仪式的建构与表演——2011 清明节曲阜祭孔与祭祖活动的人类学考察[J]. 文化遗产,2011(3):108-115,158.

[39] 张晓溪. 图腾:集体意识探源——以涂尔干《宗教生活的基本形式》为中心[J]. 北华大学学报(社会科学版),2019(5):83-89.

[40] 李育红,杨永燕. 文化独特的外现形式——仪式[J]. 广西社会科学,2008(5):202-205.

[41] 郑晓江. 宗教之生死智慧与人类的灵性关怀[J]. 南京师范大学文学院学

报,2005(4):1-8.

[42] 万晋.传说·仪式·民众心态——以唐代端午为中心的考察[J].寻根,2008(1):49-54.

[43] 彭兆荣.论身体作为仪式文本的叙事——以瑶族"还盘王愿"仪式为例[J].民族文学研究,2010(2):154-161.

[44] 辜泓.从"传递观"到"仪式观":"互联网+"时代品牌传播转型研究[D].武汉:华中农业大学,2017.

[45] 周鸿雁.仪式华盖下的传播:詹姆斯·W.凯瑞传播思想研究[D].上海:上海大学,2011.

[46] 陈力丹.传播是信息的传递,还是一种仪式?——关于传播"传递观"与"仪式观"的讨论[J].国际新闻界,2008(8):44-49.

[47] 王晶.传播仪式观研究的支点与路径——基于我国传播仪式观研究现状的探讨[J].当代传播,2010(3):32-34.

[48] 杨昌鑫.土家族风俗志[M].北京.中央民族大学出版社,1989.

[49] 杨光.土家族"跳丧"文化中的舞蹈探索[J].课程教育研究,2018(21):226.

[50] 管鸣.生而喜酒死而歌 鄂西土家族"跳丧舞"的音乐舞蹈与文化解读[J].音乐创作,2009(5):124-126.

[51] 龙仕平,陶红.简析土家族女性心理情感变化轨迹——以土家族"哭嫁歌"为例[J].贵州社会科学,2013(11):112-113.

[52] 李坚.论恩施土家族摆手舞的起源与现代表现形式[J].北方音乐,2016(3):1.

[53] 林继富.民间叙事传统与故事传承:以湖北长阳都镇湾土家族故事传承人为例[M].北京:中国社会科学出版社,2007.

[54] 林继富.宜昌民间故事家:孙家香[M].银川:宁夏人民出版社,2009.

[55] 祖父江孝男.文化人类学事典[M].乔继堂,等译.陕西:陕西人民出版社,1992.

[56] 饭丰道男.采录调查的方法.日本故事学新论[M].张冬雪,张莉莉,译.

沈阳:辽宁大学出版社,1992.
[57] 刘莉.全球场域中民族文化符号的传承与创新[J].广州大学学报(社会科学版),2010(12):51-54.
[58] 克利福德·格尔茨.文化的解释[M].韩莉,译.南京:译林出版社,2008.
[59] 林同奇.格尔茨的“深度描绘”与文化观[J].中国社会科学,1989(2):159-180.
[60] 杜红.对宗教与现代化问题的思考[J].宁夏社会科学,1996(4):61-65.
[61] 刘建明.“仪式”视角下传播研究几个关键概念被误读现象研究——与郭建斌教授商榷[J].国际新闻界,2015(11):64-74.
[62] 黎力.湖北长阳土家族“跳丧”仪式的演变[J].寻根,2007(4):110-113.
[63] 保罗·唐纳顿.社会如何记忆[M].上海:上海人民出版社,2000.
[64] 黄剑波.小民族文化生存的人类学考察——以美国印地安人为例[J].广西民族研究,2003(3):29-38.
[65] 费宗惠,张荣华.费孝通论文化自觉[M].呼和浩特:内蒙古人民出版社,2009.
[66] 萧洪恩.脱蛮入儒:19世纪土家族的文化认同与社会转型[J].中南民族大学学报,2006(5):45-50.
[67] 王铭铭.社会人类学与中国研究[M].北京:生活·读书·新知三联书店,1997.
[68] 马歇尔·萨林斯[M].王铭铭,胡宗泽,译,北京:生活·读书·新知三联书店,2002.
[69] 赵霞.传统乡村文化的秩序危机与价值重建[J].中国农村观察,2011(3):80-86.
[70] 董宸.传统仪式的现代适应——从泼水节看当代南传佛教仪式音声构成的两个面向[J].中国音乐,2019(5):75-89.
[71] 乔治·E.马尔库斯.作为文化批评的人类学:一个人文学科的实验时代[M].王铭铭,蓝达居,译,北京:生活·读书·新知三联书店,1998.
[72] 张良丛.从行为到意义:仪式的审美人类学阐释[M].北京:社会科学文

献出版社,2015.

[73] 方小莉.叙述分层——一个旅行的概念[J].江西社会科学,2011(11):31.

[74] 里蒙·凯南.叙事虚构作品[M].北京:生活·读书·新知三联书店,1989.

[75] 赵毅衡.当说者被说的时候[M].北京:中国人民大学出版社,1998.

[76] 邓颖玲.叙事学研究:理论、阐释、跨媒介[M].北京:北京大学出版社,2014.

[77] 尚金霞,刘尧峰.土家族跳丧舞“撒尔嗬”的文化解读[J].武术研究,2016(10):113-116.

[78] 罗钢.叙事学导论[M].昆明:云南人民出版社,1995.

[79] 马婷.叙事与话语[M].北京:中国社会科学出版社,2017.

[80] 黎力.否定之否定:长阳土家族“跳丧”仪式的研究[D].上海:上海戏剧学院,2008.

[81] 傅钱余.民间仪俗与民族文学研究[D].天津:南开大学,2013.

[82] 黄伟.兴盛于大山间的原始乐舞——解读鄂西土家跳丧艺术[J].大众文艺,2013(6):50-51.

[83] 田世凯.土家族丧舞“撒叶儿嗬”文化传承的教育人类学研究[D].北京:中央民族大学,2012.

[84] 杨日.彼岸之灵·此岸之舞[D].北京:中央民族大学,2012.

[85] Bell C M. Ritual Theory,Ritual Practice[M]. New York & Oxford:Oxford University Press. 1922.

[86] Kluckhohn F R,Strodtbeck F L. Variations in Value Orientations[M]. Evanstion,IL:Row,Peterson and Co,1961.

[87] Hofstede G. Culture's Consequences:International Differences in Work-Related Values[M]. Beverly Hills,CA:Sage,1980.

[88] Rothenbuhler E W. Ritual Communication:From Everyday Conversation to Mediated Ceremony[M]. Thousands Oaks:Sage Publications,1998.

[89] Manheim R. The Philosophy of Symbolie Forms[M]. New Haven: Yale University Press,1955.

[90] Chen Liu,Ving An,Hong Zhu. A Geopolitical Analysis of Popular Songs in the CCTV Spring Festival Gala, 1983—2013[J]. Geopolitics, 2015(3): 606-625.

[91] Couldry N. The Place of Media Power:Pilgrims and Witnesses of the Media Age[M]. London:Routledge,1999.

[92] Cottle S. Mediatized rituals: a reply to Couldry and Rothenbuhler[J]. Media,Culture & Society,2008(1):135-140.

[93] Macaloo J J. This Great Symbol:Pierre de Coubertin and the Origins of the Modern Olympic Games. Chicago:The University of Chicago Press,1981.